DIE KULTUR DER OLIVE - DAS OLIVENÖL

Übersetzung: **Luzia Lambrou-Huber**

Fotografien aus der Sammlung von Nikos Psilakis
(die Fotografien auf S. 9, 10 oben und 71 verdanken wir Herrn Michalis Nikiforakis.
Die Fotografie mit den versteinerten Olivenblättern auf S. 10
stammen aus der Sammlung von Herrn Prof. Evangelos Velitzelos)

Grafische Gestaltung: Nikos Dretakis

Druck: TYPOKRETA
Buchbinderische Verarbeitung: Z. Mudatsakis, Skotino, Pediada

ISBN: 960-7448-19-7

Lophos Semeli
71 500 Heraklion
Crete, Greece
Tel. & Fax: 0030 81 261920
E-mail: npsilakis@otenet.gr

Nikos & Maria
Psilakis

Die Kultur der Olive

Olivenöl

Das Geheimnis zur guten Gesundheit
Hinweise zur richtigen Anwendung

KARMANOR
Unter der Ägis der Griechischen
Akademie für Geschmack

INHALTSVERZEICHNIS

OLIVEN UND OLIVENÖL DER VORGESCHICHTLICHEN ZEIT

Die Bewohner des Mittelmeerraumes haben während Tausenden von Jahren Olivenbäume gepflanzt und ihre Produkte für den täglichen Gebrauch benutzt: die Tafeloliven und das Öl als Nahrungsmittel, die Blätter und das Öl für therapeutische und religiöse Zwecke und das Öl als Opfergabe für die Götter.

Bei den Griechen wird die Olive schon seit Jahrtausenden als ein wichtiger Teil ihrer Ernährung geschätzt und geliebt. Auf Kreta, im Südpeloponnes, auf den Ägäischen Inseln und in anderen Teilen des Landes spielt das Olivenöl als Fettanteil in der Ernährung die Hauptrolle. Wohl Erklärung dafür, warum die Olivenbäume in der griechischen Volkskunde als von Gott begünstigte, ja sogar als heilige Bäume angesehen werden.

Der Olivenbaum ist sehr charakteristisch für den Mittelmeerraum, von dem wir wissen, dass er die Wiege verschiedener Zivilisationen ist, bei deren Entwicklung der Olivenbaum nicht unbeteiligt war. Mythen aus alten sowie neueren Zeiten, aber auch archaische Bräuche die z. T. heute noch praktiziert werden, zeugen von einer Verbindung zwischen herkömmlichen und neuen liturgischen Verehrungsgewohnheiten.

Die Geschichte hat bewiesen, dass die Entwicklung eines Volkes eng verbunden ist mit seiner Ernährungsweise. Und die Tatsache, dass die Identität einer Landschaft von den Produkten geprägt wird, die sie herstellt, erleben wir tagtäg-

Olivenhain auf Kreta

lich. Weizen, Öl und Wein sind die wichtigsten landwirtschaftlichen Produkte Griechenlands. Es wird geglaubt, dass diese drei Produkte von Gott begnadigt sind. Infolgedessen wurden und werden sie auch heute noch bei der Gottesverherrlichung verwendet, und das nun schon seit Jahrtausenden!
Der Anbau von Weizen ist Beweis für die Entwicklung des Menschen: vom Nomaden zum Bauern mit einem festen Wohnsitz. Das Gewinnen von Olivenöl kam erst viel später, als der Mensch ein höheres Niveau erreicht hatte, eine Tatsache, die gleichzeitig den Beginn der Technologie kennzeichnete.
Die für die Verarbeitung von Nahrungsmitteln benötigten Geräte waren wahrscheinlich die ersten Erfindungen, die das menschliche Hirn betätigte.

Stamm eines jahrhundertealten Olivenbaumes

OLIVENBÄUME BEREITS VOR 60.000 JAHREN

Wann, mögen Sie sich fragen, erschienen wohl die ersten Olivenbäume? Es ist wahrscheinlich, dass es im Mittelmeerraum schon vor Jahrtausenden Olivenbäume gegeben hat. In Kimi auf Euböa wurden versteinerte Blätter des Typs olea noti gefunden, in Provence und in Ländern Nordafrikas gibt es

Griechischer Olivenhain

Versteinerte Olivenblätter. Sie wurden von Herrn Prof. Evangelos Velitzelos auf den Ägäischen Inseln gefunden.

Beweisstücke dafür, dass der Olivenbaum auch dorthin transportiert worden war. Der älteste Befund erfüllt uns zweifelsohne mit Staunen. Er kommt von den Ägäischen Inseln, Santorini und Nisiros, wo Herr Professor Evangelos Velitselos fossilierte Olivenblätter gefunden hat, die 50-60.000 Jahre zurückdatieren! Agrarwissenschaftler haben festgestellt, dass es sich dabei um kultivierte Bäume handelte. Bis heute sind sich die Wissenschaftler nicht einig über die ersten Anpflanzungsmethoden und die Art der Weiterverbreitung des Baumes im Mittelmeerraum und in den Nahostländern. Als Vorfahre unseres kultivierten Olivenbaumes gilt die Sorte des heute noch bekannten, wilden Olivenbaumes, den man auf Kreta, auf dem Peloponnes und in anderen Gebieten Südgriechenlands, sowie in Nordafrika, Kleinasien und anderswo noch antrifft. Die Wissenschaftler sind der Überzeugung, dass der in den Mittelmeerländern heutige noch wachsende Baum von der Pflanze olea chrysophylla stammt.

Bereits in der vorgeschichtlichen Periode gab sich der Mensch nicht nur mit den wildwachsenden Oliven zufrieden. Mit grösster Wahrscheinlichkeit hatte er damals schon die Nützlichkeit der Olive nicht nur als Nahrungsmittel, sondern auch als Brennmaterial für

Olivenhain im minoischen Kreta. Das Fresko stammt aus dem minoischen Palast in Knossos und stellt einen "Heiligen Wald" dar. (17.-16. Jahrh. v. Chr.)

seine Öllampen entdeckt. So suchte der Mensch also nach einem Weg die Oliven zu züchten, entweder durch das Nachziehen von neuen Pflanzen oder durch das Zweien. Dies schien ein langwieriger Prozess gewesen zu sein. Alle Indizien weisen darauf hin, dass auf Kreta ein systematischer Anbau von Olivenbäumen stattgefunden hat. Das entnehmen wir dem französischen Forscher Paul Faure: *"...Den Bewohnern Kretas steht die Ehre zu, die wilden Olivenbäume gezweit und kultiviert zu haben..."*

DAS MINOISCHE KRETA

Was die Tafeloliven und das Olivenöl anbelangt sind die Funde aus Kreta aus dem dritten Jahrtausend v. Chr. sehr deutlich. Wie die Ausgrabungen von P. Warren in Myrto bei Ierapetra sehr deutlich zeigen, wurden in jener Gegend während der ersten Hälfte der Bronzezeit Olivenbäume systematisch angepflanzt. (erste miniosche Periode 2800-2100 v. Chr.) Der einzige Olivenkern, der während den Ausgrabungen gefunden wurde, scheint von einem gezüchteten Baum zu sein, und das meiste Holz, das dort gefunden wurde, stammte von Olivenbäumen. In jener Zeit

Pithoi zur Aufbewahrung von Olivenöl und anderen Produkten. Aus den Palästen von Knossos und Phaistos.

benutzten die Menschen Olivenholz zum Bau ihrer Häuser und mit grösster Wahrscheinlichkeit auch zur Herstellung von Möbeln. Auch in Knossos wurden Olivenkerne aus derselben Periode gefunden.

Olivenbaum auf einem Fresko in Knossos.

Funde aus späteren Jahren sind noch deutlicher. In der mittleren Bronzezeit (mittlere minoische Periode 2100-1560 v. Chr.) spielte der Anbau von Olivenbäumen für die damaligen Inselbewohner eine wichtige Rolle. Bei den Ausgrabungen die Y. und E. Sakellarakis in Fourni und Archanes ausführten, wurden neben Tongefässen verkohlte Olivenkerne gefunden. Die Gefässe dienten mit grösster Wahrscheinlichkeit zur Aufbewahrung von landwirtschaftlichen Produkten. In weiteren zwei Behältern wurden verkohlte Feigen und Linsen entdeckt. In der Nähe lagen zerstreut Kichererbsen und Saubohnen, ebenfalls verkohlt.

Die bei den Ausgrabungen gefundenen Lampen sind Zeugen

davon, dass die Kreter das Olivenöl auch als Brennmaterial für ihre Lichtquellen benutzten.
Die Olive und ihr Öl scheinen in der minoischen Periode eine wichtige wirtschaftliche Rolle gespielt zu haben. Der französische Forscher Paul Faure nimmt an, dass *"...die Olive die finanzielle Vorherrschaft der Kreter über das Ägäische Meer sicherte..."*.

3.500 JAHRE ALTE TAFELOLIVEN!

Ein einmaliger archäologischer Befund zeichnet klar den Gebrauch der Tafelolive nicht nur als Nahrungsmittel aber auch als sakrales Mittel für die Gottesverehrung auf. Die Archäologen, die in der Umgebung von Zakros im östlichen Teil der Insel Kreta tätig waren, fanden Oliven, die 3500 Jahre zurückdatieren! Die Oliven ähneln frischen, blieb doch sogar ihr Fleisch erhalten! Die Gegend wurde vor 3500 bei einem Erdbeben zerstört. Die Archäologen haben eine sehr plausible Erklärung für den Befund: kurz vor einem katastrophalen Erdbeben, das schliesslich das Ende des Palastes bedeutete, und nachdem bereits das erste Erzittern der Erde ein Erdbeben erahnen liess, opferten die Bewohner den Göttern mit Tafeloliven gefüllte Behälter. Als günstiger Ort für die Opfergabe wurde ein Brunnen gewählt. Vielleicht, weil der Brunnen die Opfergabe schneller an die höheren Instanzen transportieren konnte, jene Instanzen, die auch die Macht hatten, solche Katastrophen über die Bewohner zu bringen oder letztere vor Katastrophen zu beschützen? Als die Archäologen den Brunnen erforschten, fanden sie ein Gefäss mit noch frisch erhaltenen Oliven. Doch einige Minuten nachdem sie aus dem Brunnen an die frische Luft gebracht worden waren, fingen die Oliven bereits an zu zerfallen. Aber zum Glück hatten die Archäologen vorher noch Zeit, ihren Fund auf Film festzuhalten. *"...Ich war beim Brunnen und suchte. Plötzlich ertastete ich ein Gefäss, das etwas Schlüpfriges aber Festes enthielt. Ich hob es hoch und stellt erstaunt fest, dass es sich bei meinem Fund um Oliven handelte. Sie waren glatt und eher klein..."*

Oliven, die in einem alten Brunnen in Zakro auf Kreta gefunden wurden. 3500 Jahre später!

Fresko aus Knossos mit Oliven.
Unten, goldene Amulette aus Olivenblättern, gefunden in Mochlos.

Bei den alten Griechen war es üblich, ihre Opfergaben in Erdöffnungen zu plazieren:
"... Die in der Unterwelt lebenden Götter werden die ihnen in Erdöffnungen und Bachbetten dargebrachten Opfer stets vorziehen..."

OLIVEN ALS GRABBEIGABE!

Die Bedeutung, die die Oliven bereits in den Jahren vor 1500 v. Chr. gehabt haben, wird uns beim Studieren der damaligen Begräbnisgewohnheiten klar. Viele Kerne von Tafeloliven wurden neben Knochen gefunden. Es ist durchaus verständlich, dass die Leute in jener Zeit glaubten, dass die Olive für den Weg ins Jenseits unentbehrlich sei.

OLIVEN IN DER MINOISCHEN KUNST

Welche Rolle die Olive in der Wirtschaft, in der Ernährung und bei der Darbringung von Opfern spielte, wird in der minoischen und mykenischen Kunst auf vielfältige Weise dargestellt. Schon im 3. Jahrtausend v. Chr. wird deutlich, wie die Leute goldene Amulette in Form von Olivenblättern anfertigten. Solche

Olivenzweig, der die Frisur einer jungen Frau verziert. Akrotiri, Santorini.

Funde stammen aus Gräbern in Mochlos bei Sitia. Eindruck macht auch der Olivenzweig, den die Blumenpflückerin auf der Freske in Akrotiri (Thira) trägt. Wir wagen zu behaupten, dass die Olivenbäume in der von Leben und Licht strotzenden Welt der Minoer die Landschaft und das Leben der Einwohner beherrschten.

Tafel mit Ideogrammen. Olivenöl als Opfergabe an Göttinnen wird erwähnt.

OLIVEN UND OLIVENÖL IN DER IDEOGRAPHIE

Ideogramme in der mykenischen Schrift, (Linear B) die das Olivenöl, den Olivenbaum und die Frucht des Olivenbaumes symbolisieren. (Ca. 1400 v. Chr.)

Ungefähr um das Jahr 2000 v. Chr. fingen die Menschen an, Symbole für alltägliche Gegenstände zu benutzen. Diese archaische Schrift wird Linear A genannt. Einer bis jetzt noch unveröffentlichten Arbeit von Minas Tsikritzis entnehmen wir, dass auf Opferaltären aus dem 18. Jahrhundert v. Chr., (einer von ihnen wurde in Südkreta gefunden) neben dem Symbol der Olive und des Olivenbaumes der Name Athenes eingeritzt worden war. Athene war die Göttin, von der die Griechen glaubten, sie habe als erste den Olivenbaum gepflanzt! Dasselbe Symbol kann auch auf Gegenständen beobachtet werden, die nach der Zerstörung der minoischen Kultur angefertigt wurden! Auf Tafeln, die in Archanes gefunden wurden, sind Begriffszeichen aus der Linear A Schrift zu sehen, die diverse Nahrungsmittel darstellen. Die ideographischen Inschriften für die Olive, das Olivenöl, den Weizen und den Wein sind leicht zu erkennen. Auch nach der Katastrophe der minoischen Kultur schrieben die Leute weiter auf Tontafeln. Die Schrift, die nach 1450 v. Chr. benutzt wurde, unterscheidet sich von der früheren. Nach dem Zweiten Weltkrieg gelang es Michael Ventris, einem englischen

Tafel mit Ideogrammen. Olivenhaine werden erwähnt.

Architekten, die neuere Schrift zu entziffern. Sein Erfolg gab der Menschheit Einblick in das Leben der Bevölkerung des 2. Jahrtausends v. Chr. Wir erfahren dabei viel über die Rolle, die die Olive und das Olivenöl gespielt haben. In jener Zeit wurde die Olive nicht nur kultiviert, man würzte ihr Öl sogar mit Kräutern. Die Menschen machten aus Olivenöl Parfüm und brachten es den Göttern als Opfer dar. Auf einer Tontafel wird die Olive auch als Nahrungsmittel erwähnt.
Die ideographischen Zeichen, die erst die Minoer und später die Mykener für das Olivenöl benutzten, sind eindrücklich: Für die Olivenbäume benutzten die Minoer ein Symbol, das dem Olivenbaum sehr ähnlich sieht. Das Begriffszeichen für die Olive selber erinnert stark an die Olivenblüte, wobei ein eigenes Symbol für das Olivenöl benutzt wurde.

Minoischer Topf mit drei Füssen. Neuzeitliche Untersuchungen haben ergeben, dass die Menschen bereits vor 2000 Jahren v. Chr. Öl für die Zubereitung ihrer Mahlzeiten benutzten.

OLIVENÖL IN MINOISCHEN TÖPFEN!

Sowohl die Minoer als auch die Mykener des 3. und 2. Jahrtausends v. Chr. benutzten das Olivenöl für alltägliche Zwecke und als Opfergabe. Dass sie das Öl auch zum Kochen brauchten, entnehmen wir verschiedenen Befunden, allerdings gibt es keine geschriebenen Beweisstücke dafür. Erst kürzlich durchgeführte chemische Untersuche haben bewiesen, dass die Minoer in jener Zeit das Olivenöl zum Kochen benutzten. In Knossos gefundenen Tontafeln ist zu entnehmen, dass verschiedene, für den Menschen unentbehrliche Nahrungsmittel unter die Leute verteilt wurden.
Die Empfänger sind unbekannt, aber es wird angenommen, dass es sich dabei um Prister handeln könnte. Unter den Nahrungsmitteln befanden sich Weizen, Feigen, Wein, Honig und wahrscheinlich auch Mehl.

Tafel mit der Linear B Schrift. Hier wird mit Petersilie gewürztes Öl erwähnt.

KRÄUTERÖLE IN DER VORGESCHICHTLICHEN PERIODE. PARFÜMERIEN

Es gibt viele Tontafeln in der Linear B Schrift, die von Kräuterölen berichten. Sogar Parfümerien werden mit Namen erwähnt. Eumides, Thiestas, Kokalos und Phileos waren bekannte Parfümhersteller aus Pylos auf dem Peloponnes. Es ist uns bekannt, wie Kräuter zur Herstellung von Parfümen verwendet wurden. So gab es z. B. Rosenöl und Salbeiöl. In Pylos wurden die Öle in sechs Kategorien eingeteilt, je nach Geruch, Alter, Herkunft und Anwendung. Tontafeln aus Knossos ist zu entnehmen, dass in Lyktos ein mit Petersilie gewürztes Öl hergestellt wurde. All diese Berichte weisen darauf hin, dass die Inselbewohner zu jener Zeit bereits ausführlich über Kräuteröle und ihre verschiedenen Herstellungsmethoden Bescheid wussten. Ein Wissen, das später auch die Produktion von ätherischen Ölen ermöglichte, die sogar ausgeführt wurden.

DIE HOMERISCHE PERIODE

In der Homerischen Periode scheint die Olive im Alltagsleben der Bewohner eine spezielle Rolle gespielt zu haben. Homer, der bekannte griechische Dichter, hat uns zwei bedeutende Epen hinterlassen, in denen er uns u. a. sehr interessante Informationen über die Olive und sein Öl überliefert. Er berichtet, dass es im Garten von Alkinoos, dem König von Phäakon Olivenbäume gegeben habe, zusammen mit anderen Bäumen, deren Früchte ebenfalls geniessbar seien. Sogar das Olivenholz, so

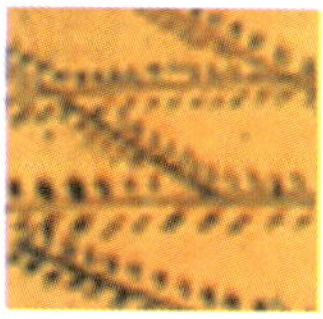

Homer, sei für die Herstellung von Möbeln benutzt worden. Auch Odysseus der Held, der während zehn langen Jahren auf dem Meer herumirrte, baute ein Bett aus Olivenholz.

Zu Homers Zeiten waren die Tafeloliven sowie auch Kräuteröle bereits bekannt. Letztere wurden hauptsächlich zur Körperpflege aber auch für die Reinwaschung der Toten benutzt.
Sogar Aphrodite, die Liebesgöttin, rieb den toten Hektor, (einer der Protagonisten des Trojanischen Krieges) mit Olivenöl ein, das mit Rosenblättern aromatisiert war.

Olivenernte im Altertum.

Die Göttin Athene setzt den ersten Olivenbaum auf der Akropolis, wie wir das der Mythologie entnehmen können.

DIE OLIVEN UND DAS OLIVENÖL IN DER KLASSISCHEN PERIODE

Im Laufe der Zeit vermehrten sich die Informationen über die Oliven und das Olivenöl. Je mehr sich der Lebensstandart der Menschen verbesserte, desto mehr wurde die Olive geschätzt. Und immer mehr Wege wurden entdeckt, um den Olivenbaum zu schützen. In Athen wurde die Olive weiterhin nach eigenen Gesetzen kultiviert und geschützt. Nach dem 5. Jahrhundert v. Chr. wurden in Athen neue Mittel in die Wege geleitet, um den Olivenbaum, den heiligsten aller Bäume zu schützen. In jener Zeit gab es Olivenbäume von denen geglaubt wurde, dass sie von dem Olivenbaum stammten, den Athene, die Göttin der Weisheit, auf dem heiligen Felsen der Akropolis eigenhändig gepflanzt hatte. Jener Baum, so wurde geglaubt, war der erste Olivenbaum auf der ganzen Welt! Schutzpatron der heiligen Olivenbäume war niemend anders als Zeus selber. Olivenbäume gab es aber auch an der Akademie in Athen, im "Heiligen Wald", aber später wurden sie an vielen anderen Orten Attikas kultiviert.

"...UND OLIVEN MÖGET IHR KULTIVIEREN..."

In einer archaischen Stadt auf Kreta (Driros hiess sie und befand sich in der Nähe des heutigen Ag. Nikolaos) wurde eine Inschrift aus dem Altertum gefunden. Die Inschrift enthielt einen Schwur, der alle Jungen dazu aufforderte, einen Olivenbaum zu setzen und ihn zu pflegen und zu umhegen, bis der Baum tragfähig war. Es scheint, dass dieser Gebrauch auch in anderen Städten gepflegt wurde. Es ist möglich, dass dieser Eid den Höhepunkt der Initiation in die Gesellschaft darstellte.

RÖMISCHE UND BYZANTINISCHE PERIODE

Während der römischen Herrschaft verbreitete sich der gute Ruf des Olivenöls. Die römischen Herrscher ergriffen des öfteren strenge Massnahmen, um ihren Untertanen das Olivenöl zu sichern. Das Olivenöl wurde nicht nur in Rom importiert, sondern dort sogar unter das Volk verteilt. Der Handel blühte und die römischen Schiffe transportierten grosse Mengen des Öls bis in die entlegendsten Gegenden ihres Reiches, die entweder kein eigenes Öl produzierten oder nur in unzureichenden Mengen.

Die Olivenbaumzucht zählte während Jahrhunderten zu den Hauptbeschäftigungen der Bewohner Griechenlands. Schon während dem Byzanz berichten direkte und indirekte Quellen in einzelnen Gebieten über eine grosse Produktion von Olivenöl, wie z. B. auf dem Peloponnes. Nach dem Fall vom Byzanz (1453 n. Chr.) entwickelte sich die Olive an vielen Orten zum Symbol des Überlebens. Der Grund dafür ist klar: die Bevölkerung fristete ihr Leben unter sehr schwierigen Umständen. Die Tatsache, dass der Olivenbaum einfach ist in seiner Pflege, vermochte dem Volk das schwere Schicksal etwas zu erleichtern. Wie wir verschiedenen Quellen entnehmen, fehlte auch in jener Zeit das Olivenöl in

Olivenernte im Byzanz. Ausschnitt aus einem byzantinischen Manuskript.

Olivenernte auf der Insel Lesbos. Malerei vom naiven Maler Theophillos.

der griechischen Küche nicht. Denselben Beweis finden wir auch in byzantinischen Kochbüchern. Interessant ist, dass in jener Zeit das Olivenöl in anderen Mittelmeerräumen nicht denselben Platz einnahm.

KRETISCHER OLIVENHAIN

Es ist bekannt, dass Kreta seit dem 3. Jahrtausend v. Chr. Olivenöl produziert. Besonders das für das Gedeihen von Olivenbäumen günstige Klima hat die Inselbewohner dazu veranlagt, die ertragreichen und pflegeleichten Bäume zu kultivieren. Die Inselbewohner haben es nie

Olivenbaum während der türkischen Herrschaft.

Jahrhundertealter Olivenhain

vernachlässigt, ihren beliebten Olivenbaum zu kultivieren, auch nicht unter den härtesten Lebensbedingungen. Auch während der Blütezeit Athens, in der Kreta als Handelsort seinen Wert fast vollständig verloren hatte, produzierten die Kreter weiterhin grosse Mengen von Öl, das hauptsächlich Nahrungszwecken diente, und erst an zweiter Stelle zur Herstellung von ätherischen Ölen benutzt wurde. Letztlich diente das Olivenöl auch zur Beleuchtung von privaten und öffentlichen Gebäuden.

Im 5. und 4. Jahrhundert v. Chr. zählte das kretische Olivenöl zu den wichtigsten Exportartikeln, die in Ägypten verkauft wurden. In späteren Jahren aber scheint der berühmte kretische Wein die Oberhand über das Olivenöl gewonnen zu haben. Kreta wurde 828 n. Chr. von aus Spanien kommenden Sarazenen unterworfen und 961 wieder befreit, was den Anfang der byzantinischen Epoche kennzeichnet. 1204 n. Chr. wurde Kreta von den Genuesen übernommen, die die Insel ihrerseits 1211 an die Venezianer verkauften. 1669 überfielen die Türken die Insel, die sie gute 200 Jahre beherrschten. Die Kreter errangen schliesslich im Jahre 1898 ihre langersehnte Freiheit. Der Anbau der Olive scheint nach dem Ende des 16. Jahrhunderts zugenommen zu haben. Später folgte die Produktion von Seife, was das kretische Öl noch begehrter machte.

Das türkische Joch war für die Kreter eine schwere Zeit. Die Landwirte hatten hohe Steuern zu entrichten und wurden auch anderweitig unterdrückt. Dank

der Produkte, die die kretische Erde von sich gibt, konnte die Landbevölkerung ihr Leben fristen. Zu den lebensnotwendigen Produkten zählte natürlich auch das Olivenöl. In der Zeit zwischen dem Anfang und dem Ende des 18. Jahrhunderts verdreifachte sich die Menge des Olivenöls, das auf Kreta produziert wurde! Seither steigert sich die Ölproduktion ständig.

Siegel, mit denen Seifen gestempelt wurden. Die Siegel stammen aus der persönlichen Sammlung der Autoren.

SEIFEN AUS OLIVENÖL

Je grösser der Ölbedarf der französischen Seifenfabriken wurde, desto grössere Mengen von Olivenöl kauften die Franzosen. Langsam gründeten auch die Einheimischen Seifenfabriken. Am Anfang zwar nur zaghaft, entwickelte sich die Seifenproduktion schliesslich zu einer wichtigen Geldquelle, die sich während ungefähr zwei Jahrhunderten behauptete, bis zum Anfang des 20. Jahrhunderts.

Seifenfabriken waren in zahlreichen Städten Kretas anzutreffen. Noch heute werden die ihrer hohen Qualität wegen bekannten grünen und weissen Seifen aus Olivenöl hergestellt.

DAS OLIVENÖL ALS NAHRUNGSMITTEL

"...In Griechenland hat das Olivenöl den Platz inne,
den die Butter in der englischen Ernährung einnimmt."
(Antony Andrews, "Ancient Greek Society")

Schon in der vorgeschichtlichen Epoche diente das Olivenöl nicht nur als Nahrungsmittel sondern es wurde auch für Beleuchtungszwecke benutzt. Im klassischen Altertum wurde es auch immer mehr zum Kochen benutzt. Immer kompliziertere Rezepte wurden ausprobiert und neue Ideen für die Verwendung des gottgesandten Öles gesucht. Einige interessante Fischrezepte können wir Archestratos' Buch entnehmen. Das Olivenöl wurde oft zusammen mit Käse oder Kräutern verwendet. Der wegen seines feinen Geschmackes bekannte Meerbrassen wurde zusammen mit Öl and Käse gekocht. Der Meerwolf wiederum wurde in Wasser, Öl und Kräutern gekocht und nachher mit Öl beträufelt. Anschliessend wurde er in heisse Salzbrühe gelegt, wie wir einem geretteten Rezept von Orevasios entnehmen können. (Orevasios war ein bekannter Arzt aus dem Byzanz) Das Olivenöl war unerlässlich zum Kochen von Getreide, Gemüse und Hülsenfrüchten, wie das auch heutige noch in den olivenproduzierenden Ländern praktiziert wird. Das für die Küche bestimmte Olivenöl war immer von bester Qualität. Die Bauern machten es sich sogar zur Gewohnheit, das Öl in seinem Rohzustand zu geniessen, eine Gewohnheit, die heute noch vielerorts beobachtet werden kann. Das Öl wird nicht nur zum Beträufeln von wilden Kräutern oder Salaten gebraucht, sondern auch zum Anfeuchten von Paximadi. (Griechischer Zwieback) So unglaublich das auch klingen mag, die Griechen verwenden sogar für das Gebäck Olivenöl. Der Athener, der uns viele wichtige Informationen über die Ernährung in der römischen Epoche vermittelte, erwähnte ein kretisches Gebäck aus archaischen Zeiten, "Glykinas". Es wurde u. a. aus süssem Wein und Olivenöl hergestellt. Für viele Süssspeisen aus alten und neueren Zeiten galt das Olivenöl als wichtige Zutat.

Wein, Weizen, Öl...

Im Christentum gewann das Olivenöl an neuer Bedeutung, war es doch eins der drei von Gott begünstigten Produkte:
"....dem Menschen, der edlen Schöpfung, von Gott bestraft, wurden drei Geschenke gegeben: Brot Wein und Öl. Brot, um das Herz und den Körper zu stärken, Wein, um die Seele zu erfreuen, und Öl, damit sich der Körper vom Schmerz der alltäglichen Strapazen erholen kann. So hat Gott die Menschen beschenkt wie ein liebender Vater, damit seine Kinder sich erfreuen mögen..." Das entnehmen wir dem ekklesiastischen Schriftsteller Eusebius, der um 335 n. Chr. gelebt hat.
Im Byzanz zählte das Olivenöl für den grössten Teil der Bevölkerung zur täglichen Nahrung. Das Öl fehlte weder bei den Bauern noch bei den Mönchen, wie wir den Schriften eines armen Mönches entnehmen können. Theodorus Prodromos hat uns viele wertvolle Informationen über die Verhaltens- und Essensweise seiner Zeit hinterlassen. U. a. erwähnte er, dass das Olivenöl auch bei den ärmsten unter den Armen nie fehlte.
Im Kaiserhaus in Konstantinopel wurde das Olivenöl für eigens für den Kaiser ausgedachte Schlemmerrezepte verwendet. Die byzantinischen Köche hatten eindrückliche Kochtechniken entwikkelt, bei denen das Öl und sein Aroma am besten zur Geltung kamen. Es scheint, dass in Konstantinopel die Gastronomie ein bewundernswertes Niveau erreicht hatte. Hier sei auch erwähnt, dass die Gabel zum erten Mal auf einem byzantinischen Tisch erschien und von dort im zehnten Jahrhundert in den Westen gelangte. Das geschah bei der Hochzeit von Theodora Douka in Venedig: die Gabeln waren ein Teil ihres Ehegutes!

Oliven, Weizen und Wein für das Sakrament der heiligen Ölung in der orthodoxen Kirche.

So wichtig das Olivenöl auf dem täglichen Speisezettel auch war, war es vom Fastenverbot keineswegs ausgenommen. Während der Fastenzeit waren der Genuss von tierischen Produkten sowie vom Olivenöl untersagt. In den übrigen Tagen bestand das tägliche Brot der Bevölkerung aus Gemüse, Hülsenfrüchten und Getreide. Eine grosse Rolle spielte das Olivenöl ebenfalls bei der

Gefäss, mit dem das Öl gemessen wurde (Mistato).

Herstellung von einfachen Speisen. Die 'heilige Sauce', die uns Prodromos so bildlich beschreibt, war eine dünne Zwiebelsuppe, gewürzt mit Kräutern und Öl. Die Suppe wurde mit kleinen Stückchen Brot genossen, die in den Teller gelegt wurden. Im 17. Jahrhundert, in dem der grösste Teil Griechenlands unter fremdem Joch stand, galt das Olivenöl weiterhin als *"...höchstes Gut für die Behandlung allen Übels..."* (dieser Satz wurde schon im 9. Jahrhundert n. Chr. verwendet) nur dass er damals anders lautete: *"...Das Olivenöl nährt und gibt Kraft. Wenn getrunken, kann es nur von Nutzen sein, schaden tut es in keinem Falle!..."* dies sagte Agapios Landos, ein Kreter Mönch vom Berg Athos. Für die Bauernfamilie des Mittelalters war das Olivenöl eine einfache Lösung, bereicherte der wertvolle Saft doch die kärglichste Mahlzeit, wie auch für die einfache Bevölkerung in den Zeiten danach. Auf Kreta konnten ein wenig Öl und ein Stück Paximadi (griechischer Zwieback) mit etwas Salz und Oregano eine ganze Mahlzeit ersetzen und das sogar noch Mitte des 20. Jahrhunderts.

Kreter. Studien haben gezeigt, dass die Kreter die beste Gesundheit geniessen und dass sie am meisten Olivenöl benutzen!

DAS OLIVENÖL IN DER KRETISCHEN ERNÄHRUNG. SIEBENLÄNDERSTUDIE

"...Die Oliven tragen sehr viel zur Gesundheit und Lebhaftigkeit der Kreter bei. Für den fremden Besucher erscheint es tatsächlich so, als ob das kretische Essen im Öl schwimme..."

Studie des Rockefellerinstitutes, 1948

Die kretische Ernährungsweise wird heute als die gesündeste im ganzen Mittelmeerraum angesehen. Studien haben bewiesen, dass die Kreter den kleinsten Anteil an Herz- und Kreislaufstörungen sowie an Krebs haben. Diese Tatsache ist hauptsächlich auf die gesunde Ernährung zurückzuführen. Die wichtigste Rolle dabei spielt zweifellos das Olivenöl. Es ist durchaus verständlich, dass viele Besucher äusserst erstaunt waren, als sie sahen, wie verschwenderisch die Kreter oder andere Bewohner in olivenbaumreichen Gegenden mit dem Olivenöl umgehen. Für die Besucher aus dem Norden war das natürlich ein

ungewohntes Bild, benutzten sie doch vorwiegend tierische Fette.

Der Engländer Robert Pashley, der Kreta kurze Zeit nach dem Aufstande im Jahre 1821 besuchte, (dank diesem Aufstand gewann ein Teil Griechenlands seine Freiheit) gibt uns in seinen Beschreibungen wichtige Informationen und Aufschlüsse über das tägliche Leben der Kreter. Seinem Bericht entnehmen wir, dass das Öl eine Hauptrolle in der kretischen Ernährung spielte. In den Dörfern wurde ihm meist gekochtes Gemüse mit Olivenöl angeboten. Das gehörte zum täglichen Brot: gekochte Artischocken und Gemüse mit Öl, Eier und schmackhafter Wein oder wilde Kräuter mit Öl. Pashley rechnete aus, dass eine durchschnittliche Familie ungefähr 350 l Olivenöl im Jahr brauchte. Die Kreter,*"...können nicht ohne Öl leben. Den Kindern wird es mit Brot verabreicht, es wird zu jedem Gemüse und wilden Kräutern serviert und sogar das Fleisch und der Fisch werden darin angebraten. Es ist das einzige, womit die Kreter nicht geizen..."* berichtete er.

Dieser übertriebene Verbrauch von Olivenöl hat allen Besuchern Griechenlands im 19. Jahrhundert Eindruck gemacht. M. Chourmousis-Visantios kämpfte an der Seite der Kreter während einem ihrer Aufstände gegen die Türken (1828-1829) Nach dem Aufstand liess er sich auf der Insel nieder und beobachtete während sechs Jahren die Sitten und Bräuche der Kreter. Auch er war äusserst beeindruckt vom überheblichen Verbrauch des Öls. Er berichtet, dass *"...die Kreter sowohl wilde Kräuter als auch selbstgepflanztes Gemüse essen, so wie auch Gerstenbrote, alles was der Gesundheit bekömmlich ist und wohl dem übertriebenen Verbrauch von Öl gegensteuert"...* Er berichtet weiter, dass die Inselbewohner Missbrauch trieben mit dem Olivenöl und schreibt erstaunt: *"...Sogar das Schweinefleisch kochen sie mit Öl!..."* Diese schockierende Feststellung wurde auch von anderen Reisenden gemacht, die Griechenland besuchten, wie z. B. Pouqueville und Bartholdy.

Chourmousis-Visantios, der viel Erfahrung in der Koch- und Essensgewohnheiten der Konstantinopler hatte, bemerkte einen grossen Unterschied zwischen der ihm gewohnten und der kretischen Ernährungsweise.

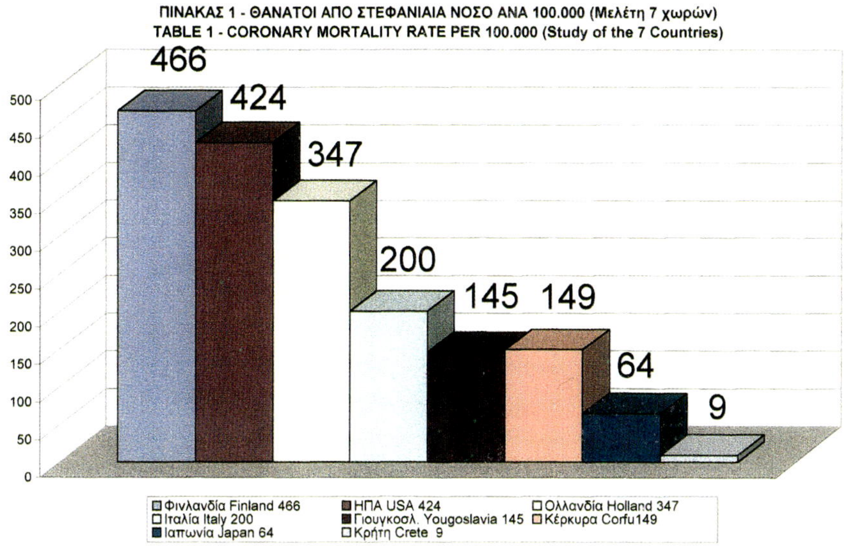

TOD DURCH HERZKRANKHEITEN PRO 100.000 EINWOHNER (7-Länder-Studie)

Die siebenjährige Studie von Anzel Keys, die er am Ende der 50-er Jahre dieses Jahrhunderts durchführte, machte tiefen Eindruck auf die Wissenschaftler. Die Kreter, deren Essen im Öl schwamm, waren weltweit die gesündesten. Neoplasmen waren sehr selten, sie traten im Vergleich zu den anderen Gegenden, in denen dieselben Studien durchgeführt wurden, am wenigsten häufig auf. Auch Kreislaufstörungen, eine wahre Plage für die nördlichen Völker, waren auf Kreta fast unbekannt. Keys entging es nicht, dass die Kreter bei dem Verbrauch von Öl doch eher übertreiben: *"..Mein Gott, wieviel Öl die essen...."*
Einige Jahre vorher wurde vom Rockefellerinstitut (L.G. Allbaugh-G. Soule) auf Kreta eine Studie über die Gesellschaft und die Wirtschaft der Insel durchgeführt. Der Teil der Studie der sich mit der Ernährung befasste, enthält Informationen über die Insel. Wir werden uns nur mit einer Bemerkung befassen:

"...Die Oliven und das Olivenöl tragen zur Leistungsfähigkeit unseres Körpers bei. Der fremde Besucher hat den Eindruck, dass unser Essen im Öl schwimmt. Bestimmt gebrauchen wir das Öl sehr freigiebig zum Kochen und für unsere Salate, Suppen und Gemüse..."

An einer anderen Stelle wurde vermerkt:

"...Der Verbrauch von Oliven, Fett aber vor allem von Olivenöl war sehr gross. Der Verbrauch von Olivenöl ist wohl sehr typisch für die kretische Ernährung. Mit dem Olivenöl sind die Kreter am freigiebigsten von allen Griechen..."

Nur in seltenen Fällen werden auf Kreta an Stelle des Öls andere Fette benutzt. Das Öl wird aber nicht nur für Salate, Suppen und Gemüse verwendet.

VERBRAUCH VON OLIVENÖL IN DER KRETISCHEN KÜCHE

Die Sieben-Länder-Studie, die schon 1950 durchgeführt wurde, hat gezeigt, dass die Kreter viel freigiebiger waren mit dem Öl im Vergleich zu anderen Mittelmeerbewohnern. Der Verbrauch von Fetten auf Kreta, in den übrigen Mittelmeerländern, in Holland und in den USA waren 95, respektive 60, 79 und 33 Gramm pro Person pro Tag. Der Fettverbrauch der Kreter und der übrigen Mittelmeerländer bestand hauptsächlich aus Olivenöl, wobei die Amerikaner verschiedene Öle benutzten und die Holländer hauptsächlich Butter oder andere tierische Fette. Ähnliche Studien von Eurostat, (statistisches Institut der EU) zeigen, dass die Kreter im Jahre 1996 31 Liter Olivenöl pro Kopf verbrauchten, die übrigen Mittelmeerländer 25 Liter und die Deutschen 1.85 Deziliter! Dieser Verbrauch steht im Verhältnis 85 respektive 62 Gramm pro Person und Tag für die zwei Bevölkerungsgruppen, wobei trotz einer Veränderung der Ernährungs- und Denkweise, die in den letzten Jahren im Mittelmeerraum stattgefunden hat, eine bemerkenswerte Stabilität des Verbrauches zu beobachten ist.

DAS OLIVENÖL FÜR BELEUCHTUNGSZWECKE

Schon in der vorgeschichtlichen Zeit wurde das Öl zur Beleuchtung von Häusern und öffentlichen Gebäuden benutzt. So wurde das Öl zum Symbol: Das Olivenöl, die Quelle des Lichtes!
Bei nächtlichen Feiern spielte das Öl eine wichtige Rolle, wie das auch bei

Eine Lampe brennt vor der Ikone Christi.

Das Öl diente schon zu alten Zeiten als Lichtquelle. Öllampe, die noch bis mitte dieses Jahrhunderts benutzt wurde.

Römische Kupferlampe aus Archanes.

heutigen religiösen Festen weiterhin der Fall ist. Wie wir Herodotus (5. Jahrhundert v. Chr.) entnehmen, fanden in Ägypten die sogenannten "Lichterfeste" statt. Alle Gläubigen zündeten ihre Öllampen an, die eine herzerwärmende Atmosphäre verbreiteten.

Im Byzanz wurde das Olivenöl für die "Lichterfeste" in den Klöstern und Kirchen gebraucht.

Bis zum Anfang dieses Jahrhunderts galt das Olivenöl bei den griechischen Bauern als Hauptlichtquelle.

OLIVEN UND OLIVENÖL ALS MEDIKAMENTE

Ailianos, ein Schriftsteller aus dem 3. Jahrhundert n. Chr. schrieb, dass das Olivenöl und die Blüten des Olivenbaumes sogar von den Elefanten als Medikament benutzt wurden, wenn sie von einem Pfeil angeschossen worden waren:
"...Wenn (der Elefant) von einem Pfeil verletzt wird, isst er Olivenblüten oder Oliven und später wirft er jeden Fremdkörper ab, der seine Haut durchbohrt hat. So wird er ganz schnell wieder gesund..."
Es ist bekannt, dass das Olivenöl zur Behandlung von Wunden sehr gut ist. Diese Beobachtung ging in die Volksmedizin über und wurde während Jahrhunderten praktiziert:
Ärzteberichten aus dem Altertum sowie aus dem Byzanz entnehmen wir viele Rezepte, deren Hauptbestandteil das Olivenöl ist. Es wurde hauptsächlich als fiebersenkendes Mittel benutzt (zum Einreiben des fiebernden Körpers) aber auch als nervenheilendes Mittel. Aus diesem Grunde verschrieben viele Ärzte im Altertum den an Neuralgien leidenden Patienten warme Ölbäder.
Viele Rezepte aus dem Altertum haben als Basis das Öl. In Kürze gesagt, es gab nicht viele Krankheiten, die nicht mit Hilfe von Olivenöl geheilt werden konnten. Das Öl wurde sogar bei Vergiftungsfällen angewendet, zur Pflege der Zähne und zur Mundhygiene allgemein, gegen Magenbeschwerden und zur Hautpflege. Sogar

Bad und Einreiben von Olivenöl während den Olympischen und anderen Spielen im griechischen Altertum.

bei den Leprakranken (eine Geissel, unter der die Bevölkerung bis noch vor kurzem litt) verwendete man Olivenöl. Das Öl, das dem ewigen Licht entnommen wurde, galt als besonders heilend.
Fr. Richard, der 1650 Chios besuchte, berichtet, dass der Abt des Klosters Nea Moni Fäden, die er vorher in das Ewige Licht getaucht hatte, unter die Gläubigen verteilte!

OLIVENÖL ALS APHRODISIAKUM

In der Volksmedizin wird das Olivenöl als Aphrodisiakum benutzt. Das Sprichwort, das in vielen ölproduzierenden Gegenden Griechenlands benutzt wird, *"iss Öl und komm am Abend"* widerspiegelt diese Auffassung sehr deutlich. Auf Kreta ist man der Überzeugung, dass das Öl, das in ungekochtem Zustand genossen wird, die beste Wirkung hat. Noch wirkungsvoller betrachtete man früher das Olivenöl, das von wilden Oliven gewonnen wurde. (Peloponnes: Iss Öl und komm am Abend, zur Linderung deines Dranges.)
Vielleicht ist deshalb auch zu erklären, warum man den Neuvermählten Brotringe anbot, die man vorher mit dem ersten Öl des Jahres beträufelt hatte. An der Südküste Kretas galt derselbe Brauch als Mittel gegen die Unfruchtbarkeit. In einem Sprichwort aus Thessalien werden alle Fette verglichen. Das Sprichwort kommt zur Schlussfolgerung, dass das Olivenöl eine aphrodisische Wirkungen hat, (dieser Auffassung sind übrigens die meisten Griechen) wobei die Butter das Gegenteil bewirkt:

"Iss Butter und schlaf wie ein Schafskopf,
iss Öl und komm am Abend".

OLIVE UND OLIVENÖL BEI DER GOTTESVERHERRLICHUNG

Anbetung der Bäume. Das Wiederaufblühen der Olive und die Symbolik der Unsterblichkeit

Der Olivenbaum hatte schon in der vorgeschichtlichen Zeit den Menschen durch seine Langlebigkeit und seine Beständigkeit beeindruckt. Aus den alten, knorrigen Ästen wachsen neue, und so erlebt der Baum immer wieder eine Neugeburt. In den vorgeschichtlichen Religionen des östlichen Mittelmeerraumes wurde ein göttliches Paar verherrlicht. Die Göttin wird heute "Grosse Mutter" genannt. Der junge Gott stirbt und wird jedes Jahr von neuem geboren, genau wie wir das in der Natur beobachten können. Das Betrachten der Natur war denn auch der Grund dafür, dass die Menschen anfingen, die Natur anzubeten. Wir wissen auch, dass die Kreter schon im Neolithikum verschiedene Bäume anbeteten. Sie tanzten religiöse Tänze unter denselben und berührten sie, um von ihnen Kraft zu schöpfen. Es scheint, dass auch der Olivenbaum zu diesen verehrten Bäumen zählte. Der erste Beweis dafür, dass der Olivenbaum bei der göttlichen Verehrung eine ganz spezielle Rolle spielte entnehmen wir dem Sarkophagos aus Agia Triada.

Dieser Sarkophagos wurde im Messaratal (Kreta) gefunden. Der Baum, der hinter dem Altar steht, ist leicht zu erkennen. In Athen (vom 5. Jahrhundert v. Chr. oder sogar noch früher) wurde ein Olivenbaum auf der Akropolis verehrt. Von diesem Baum wurde gesagt, dass ihn Athene, die Göttin der Weisheit, gepflanzt hatte.

In Griechenland wurde die Verehrung heiliger Bäume während Jahrtausenden praktiziert.

Äste und Blätter des Olivenbaumes als Grabbeigabe

Es ist uns bekannt, dass es sich schon die alten Griechen zur Gewohnheit gemacht hatten, den Verstorbenen Blätter oder Äste des Olivenbaumes ins Grab

Olivenbaum neben einer orthodoxen Kirche.

Der heilige Baum bei der Götterverehrung auf einem minoischen Ring aus Archanes.

Wilder Olivenbaum an einem verlassenen Abhang. Agiofarango-Schlucht, Kreta.

zu legen. In jenen Zeiten war es auch nicht ungewohnt, die Toten auf Olivenzweige zu betten. Könnte es sein, dass sie glaubten, wenn ein Toter auf die Zweige eines unsterblichen Baumes gebettet wurde, dass er der Unsterblichkeit näher war? In verschiedenen in Feron gefundenen Gräbern, die ins 5.-6. Jahrhundert v. Chr. datieren, entdeckte man Olivenblätter, auf die die Toten gebettet waren. Der berühmte Gesetzesgeber Lykurgos von Sparta (er lebte um 800 v. Chr.) befahl, wie wir Plutarchs' (46-127 n. Chr.) romanähnlicher Biografie entnehmen, dass die Toten auf Olivenästen zu begraben seien! Diese Tradition, so unglaublich das auch klingen mag, wird noch heute im Dorf Petrokefali bei Heraklion auf Kreta aufrechterhalten. Der Priester sorgt jeweils für die Olivenzweige, (normalerweise deren drei) die er nach der Trauerfeier und kurz bevor das Grab zugedeckt wird auf den Leichnam legt.

Olivenbäume auf Gräbern

Im Altertum war es Brauch, neben einem Grab einen Oliven- oder sonstigen Baum (z.B. Zypresse) zu pflanzen.

Der Olivenbaum als Symbol der Heiligkeit

Wenn wir heute einen Baum auf dem Friedhof pflanzen, möchten wir damit der Hoffnung auf eine Wiedergeburt Ausdruck verleihen. In Asterousia auf Kreta, einem Gebiet, in dem bis zum Anfang dieses Jahrhunderts Eremiten lebten, pflegte man bis vor kurzem einen Brauch, der in uns das alte Griechenland in Erinnerung ruft: Neben den Gräbern der Einsiedler, meist auf der östlichen Seite des Grabes, wurde ein Olivenast in die Erde gesteckt. Der Ast wurde dort belassen. Es wurde des öfteren beobachtet, dass diese Äste Wurzeln fassten. Jedesmal, wenn ein Olivenbaum gedieh, waren sich die Einwohner einig, dass es sich beim Verstorbenen um einen Heiligen handelte!

Olivenbaum und Läuterung. Fürbitte

Der Olivenbaum gewann im Altertum auch an Bedeutung als Läuterungsmittel. Mit Olivenzweigen betraten Schwerverbrecher den Tempel, um bei den Göttern um Vergebung ihrer Taten zu bitten. Die Verbrecher wussten auch, dass sie im Heilig-

Olivenbäume neben Kirchen erinnern an frühere Gewohnheiten der Götterverehrung.

tum sicher waren vor dem Gesetze, da sie Asylrecht genossen.

Die Fürbitter, vorwiegend Mörder, hielten einen Olivenzweig, den sie mit meist weisser Schafswolle umwickelt hatten. Die Verbrecher legten den Olivenzweig, das sogenannte Fürbittemittel, auf den Altar und blieben im Tempel, um der Rache der Verwandten ihres Opfers zu entgehen. Der Olivenzweig blieb genau so lange auf dem Altar liegen wie die Bitte um Vergebung dauerte. Sobald der Dorfälteste oder Herrscher den Nachlass der Sünden kundtat, entfernte

der Fürbitter den Olivenzweig vom Altar und verliess den Tempel. Nun würde das Gericht den Fall übernehmen.
Auch in Opferprozessionen auf Fresken sehen wir deutlich, wie die Beter mit Zweigen in den Händen auf den Altar zuschreiten. Möglicherweise handelt es sich um Olivenzweige. In späteren Zeiten war es bei den alten Griechen sowie bei den Römern Brauch, dass die Fürbitter ihren Göttern Olivenzweige darbrachten.

Die 'Eiresioni'. Erntefeste aus dem Altertum

Früher wurden den Göttern während dem Erntefest blühende Olivenzweige dargebracht. (manchmal auch Lorbeerzweige) Von den Zweigen hingen Früchte, Schafswolle und kleine Fläschchen, gefüllt mit Olivenöl, Honig oder Wein. Diese Opfergaben wurden 'Eiresioni' genannt.
Es war eine Geste des Dankes dafür, dass die Götter den Menschen mit einem wohlwollenden Auge betrachteten und ihm das tägliche Brot schenkten.
In neueren Zeiten legten die Griechen am ersten Januar einen Olivenzweig in die Ikonennische und beteten: *"Ein gutes Jahr ist angebrochen, möge das schlechte Jahr nicht wiederkommen."*

SYMBOLIK
Baum des Friedens

An den religiösen Festen wie z. B. bei Läuterungen und Reinwaschungen, bei denen die alten Griechen einen Olivenzweig benutzten, ist deutlich zu erkennen, dass der Olivenbaum ein Baum des Guten war. Der Olivenbaum war auch Symbol des Lichtes, galt doch sein Öl als ursprüngliche Quelle des Lichtes. Dieser feste Glauben (der überall im Mittelmeerraum zu beobachten ist) gab dem Olivenbaum eine ganz besondere Stellung. Im Alten Testament gilt der Olivenbaum als Baum der Hoffnung sowie als freudiger Nachrichtenüberbringer des Gottes der Gnade. Die Taube bringt einen Olivenzweig zur Arche Noah zurück, um das Ende der Flut anzukünden.
Auch in der griechischen Mythologie wird der Olivenbaum als Friedensbaum betrachtet. Eirini, die Friedensgöttin selber (Tocher des Zeus und der Themis) wurde stets mit einem Olivenzweig in der Hand dargestellt. In Kriegszeiten gab es kein besseres Symbol des Friedens. Die Boten, die jeweils ausgesandt wurden, um den Frieden oder den Waffenstillstand anzusagen, überbrachten einen Olivenzweig. Er war zweifelsohne ein heiliges Symbol, das die Absichten seines Senders preisgab.

DAS OLIVENÖL BEI TRAUERFEIERN

Schon in der vorgeschichtlichen Zeit galten im Mittelmeerraum der Wein und das Olivenöl als die wertvollsten Flüssigkeiten. Bei Beerdigungen spielten sie eine spezielle Rolle. Auf vorgeschichtlichen Gräbern wurden Geräte gefunden, dem zum Pressen von Trauben und möglicherweise auch von Oliven

dienten. In jenen Zeiten war es üblich, den Toten Öl auf ihren langen Weg ins Jenseits mitzugeben. Auf Kreta werden den Toten heute noch der Rücken und die Brust mit einer Mischung von Öl und Wein eingerieben. Diese "Letzte Ölung" wird mit kreuzförmigen Bewegungen ausgeführt.
Auch heute noch besprinkelt der orthodoxe Priester bei der Beerdigung den Toten mit Öl, das er dem Ewigen Licht entnommen hat.

MEDIKAMENT FÜR LEIB UND SEELE. CHRISTLICHER GLAUBE

Das Olivenöl lindert den Schmerz und kann auch den täglichen Kummer mildern oder sogar die Schuld für begangene Sünden erleichtern. Der Apostel Markus berichtet, dass die Schüler Christi die Kranken mit Öl einrieben und sie auf diese Weise heilten. Genau so, wie das schon im Altertum Brauch gewesen war. Das Christentum erweiterte diese Methode noch, und die Schüler Gottes heilten, mit Hilfe des Öles, auch seelisch Kranke.
Eine interessante Feier der Läuterung wurde von den Götzenanbetern abgehalten. Der Philosoph Apollonius von Tyaneus, der von seinen Anhängern wie ein Gott verehrt wurde, (besonders im 3. Jahrhundert n. Chr.) scheint nächtliche Feiern abgehalten zu haben, während denen wunderbare Geschehnisse vorkamen. In der siebten Stunde dieser Feiern wurde der Kranke mit Öl und Wasser eingerieben und war somit auf der Stelle geheilt.

BEI DER TAUFE

Bei der Tauffeier wird die Gnade Gottes durch das Öl auf den Getauften übertragen. Im christlichen Glauben symbolisiert die Taufe zugleich den Tod und die Wiedergeburt.
In das zur Reinwaschung bestimmte Wasser, (grundsätzliches Mittel zur Reinwaschung seit dem Altertum) wird mit kreuzförmigen Bewegungen Olivenöl gegossen. Nach der Waschung erfolgt die Läuterung. Nachdem der Getaufte von der Erbsünde reingewaschen ist, wird er zum zweiten Male geboren. Durch

Das Tauföl besänftigt das Meer.

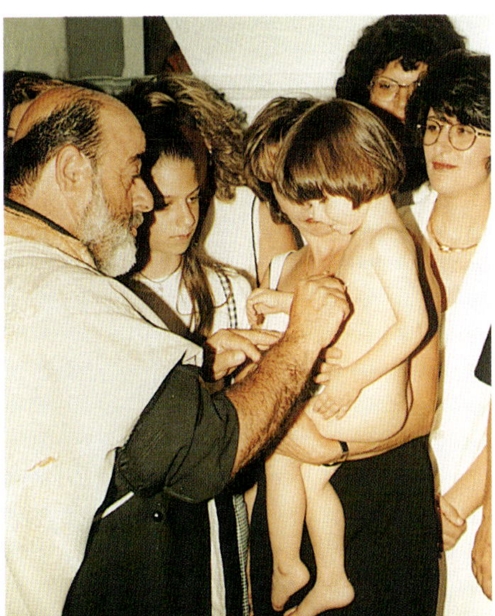

"Ölsiegel" während dem Sakrament der Taufe.

die Taufe wird der Mensch auf seine dritte Geburt vorbereitet: auf das ewige Leben. Aus diesem Grunde wird der Neugetaufte frisch gekleidet. Bei der Taufe wird der zu Taufende mit geweihtem Öl eingerieben. Der Priester wiederholt dieselben Bewegungen drei Mal und liest das Gebet des Öles. Anschliessend macht er mit Öl das Zeichen des Kreuzes auf Stirn, Brust und Rücken des Getauften. Darauf wird der zu Taufende ins Wasser getaucht. Das Sakrament der Taufe wird erst mit der Salbung des Getauften mit geweihtem Öl besiegelt.

ERNTEFEST

Die Olivenernte wird in Griechenland gefeiert. Bis vor kurzem wurden in vielen ölproduzierenden Gegenden nach der Ernte Feste abgehalten. Im Osten Kretas (Sitia) wurde unmittelbar nach der Olivenernte eine spezielle Feier abgehalten. Dieser Brauch hat bis ins 20. Jahrhundert überlebt. Der Hausherr organisierte ein Fest, zu dem Verwandte, Freunde und natürlich die

Olivenpflücker eingeladen waren. Das Essen wurde mit dem neu gewonnen Öl gekocht, selbst wenn noch Öl vom vorigen Jahr vorhanden war. Meist wurde spezielles Brot gebacken. Den Tisch deckte eine reiche Mahlzeit, in der Hoffnung, dass auch das neue Jahr eine gute Ernte gebe. Für das Erntefest wurde ein Ölkuchen gebacken, der unter anderem auch gekochten Most enthielt. Ähnliche Feste wurden auch auf den Ägäischen und Ionischen Inseln gefeiert.

DAS ÖL ALS MITTEL GEGEN DAS STÜRMISCHE MEER!

Auf den Inseln im Ägäischen Meer, auf Kreta und auf anderen Inseln wird das Öl aus der St. Nikolauslampe aufbewahrt. St. Nikolaus ist der Schutzpatron der Seefahrenden und beschützt die Matrosen vor Unwetter auf dem Meer. Jedesmal wenn ein Unwetter aufkam, gossen die Leute einige Tropfen des Öles von der St. Nikolauslampe ins Meer mit der Fürbitte, der Heilige möge dem Meer Ruhe gebieten. Dasselbe taten auch die Matrosen auf dem Meer. Es konnte schon oft beobachtet werden, dass der Sturm sich augenblicklich legte.

OLIVENZWEIGE AM PALMSONNTAG

Auch heute werden auf Kreta noch am Palmsonntag Olivenzweige in die Kirche gebracht.

Folgende Vorbereitungen werden getroffen: Der Zweig wird bereits am Samstag abend in die Kirche gebracht. Am Sonntag während der Messe, bevor die Ikone in einer Prozession um die Kirche getragen wird, nehmen zwei Jungen den Olivenzweig, mit dem sie den Anfang der Prozession bilden. Sie führen die Prozession drei Mal um die Kirche, bevor sie an einem erhöhten Ort auf einer Tribüne endet. Vor dem Olivenzweig wird das Evangelium vorgelesen, während die Gläubigen den Olivenzweig berühren! Wenn der Satz *"mögen alle ein Zweiglein vom Baum brechen"* ertönt, brechen die Gläubigen ein Zweiglein vom geweihten Baum und nehmen es mit nach Hause. Diese Zweiglein, die eine heilende Wirkung haben, werden vor die Ikonen gelegt. Auf Kreta werden nicht nur kranke Menschen sondern auch kranke Tiere mit diesen geweihten Zweiglein berührt.

Dieser Brauch ist uns seit dem Jahre 1674 bekannt. Ein Reisender aus jener Zeit hat es in einer Kirche in Konstantinopel beobachtet und beschrieb den Vorgang folgendermassen: *"...Die Gläubigen dieser Stadt hatten in jeder Kirche einen Olivenzweig aufgestellt..."*

DER OLIVENBAUM UND DAS OLIVENÖL IN DER MYTHOLOGIE

Der Kranz aus Olivenzweigen, der als Symbol für die Olympischen Spiele, die im Jahre 2004 in Athen abgehalten werden, auserkoren wurde.

DIE WILDE KRETISCHE OLIVE IN OLYMPIA

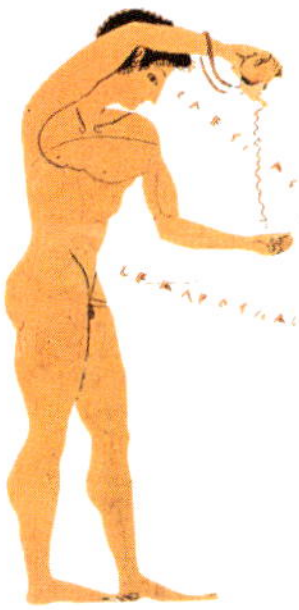

Die gottesverherrlichenden Gesellschaften aus Kreta, die Kouriten und die Idaean Dactylen, gaben den Griechen die Olive. Diese gutmütigen Geister wurden von den Kretern der römischen Epoche als Wohltäter der Menschheit angesehen. Von ihnen wurde geglaubt, dass sie Gegenstände und verschiedene Techniken erfunden hatten, Schmiede und Ärzte waren, Imker und Tierzüchter, Erfinder des Pfeils und Bogens, (der den Menschen beim Jagen zugute kam) des religiösen Tanzes, der Trommel und v. a. Einer dieser guten Geister hiess Herakles. (dieser Herakles hat nichts gemeinsam mit dem uns bekannten griechischen Helden aus der Mythologie) Von ihm wurde geglaubt, dass er als erster wilde Oliven in Olympia gepflanzt hatte. Er war auch der Gründer der Olympischen Spiele. Schon die alten Griechen hatten geglaubt, dass der Kreter Herakles die wilde Olive entweder aus seiner Heimat Kreta oder aus dem Norden mitgebracht hatte.

Herakles hatte vier Brüder: Paionaius, Epimides, Iasios und Idas. Herakles war der älteste. Eines Tages nahm er seine Brüder mit nach Olympia. Dort veranstalteten

sie ein Rennen. Dies war das erste Rennen der Welt! Herakles krönte den Sieger mit einem aus Olivenzweigen hergestellten Kranz. Die Zweige stammten von den Bäumen, die er selber gepflanzt hatte. Seither werden die Sieger der Olympischen Spiele mit einem Olivenzweig oder einem Olivenkranz gekrönt. Diese eindrückliche Gewohnheit hat die Regeln der Olympischen Spiele im Altertum geprägt. Der Olivenzweig förderte den Geist der Olympischen Spiele, der sehr eng verbunden ist mit der Symbolik des Olivenbaumes. Für die alten Griechen war der Olivenzweig:
"...das schönste Andenken aller,
für die Sieger von Olympischen Spielen ..."

ELAIS, SPERMO UND OINO

Elais, Spermo und Oino waren Anios Töchter. Anios selber war der Sohn von Ariadne und Dionysos. Die Namen der drei Töchter beziehen sich auf die drei wichtigsten Produkte der griechischen Erde: Elais (Olive) Spermo (Getreide) und Oino. (Wein)
Anios' drei Töchter (und die Grosskinder von Dionysos) wurden auf der Insel Dylos geboren und waren unter dem Namen 'Weinträgerinnen' bekannt. Ihr Grossvater Dionysos gab den drei Mädchen ein einmaliges Geschenk: Nie sollten ihnen Öl, Getreide oder Wein ausgehen!

DIE OLIVE ALS GESCHENK DER GÖTTIN ATHENE

Der bekannteste Mythos in Bezug auf die Zucht der Olive ist wohl der, dem wir entnehmen, dass die Göttin Athene uns den Baum geschenkt hat. Einige sagen, dass die Göttin den Baum zuerst auf Kreta gepflanzt hatte, andere wiederum sind der Ansicht, dass die Göttin der Weisheit den ersten Baum in Athen pflanzte, und zwar auf dem heiligen Felsen der Akropolis. Das ganze begann, als sich Poseidon, der Gott des Meeres, mit Athene, der Göttin der Weisheit anlegte. Beide Götter wollten Herrscher über Athen sein, der schönsten und blühendsten Stadt des klassischen Griechenlands. So wurde beschlossen, dass die beiden Götter der Stadt ein teures Geschenk bringen sollten. Als Sieger dieses einmaligen Wettbewerbes würde der erkoren, welcher das wertvollere Geschenk brachte. Die übrigen Götter, die keineswegs erfreut waren über den Streit der zwei Unsterblichen, hatten über Sieger und Verlierer zu richten. Poseidon, der Gott aller Meere, erschien in seiner vollen Pracht. Er hielt seinen gefürchteten Dreizack in der Hand, den er nur zu heben brauchte, um die wildesten Stürme auf Meeren und Ozeanen hervorzurufen.

Poseidon hob also seinen Arm und schleuderte den Dreizack gegen den heiligen Felsen auf der Akropolis. Und siehe da, Meerwasser sprudelte alsbald aus dem Felsenspalt und lief den Felsen hinunter. Andere wiederum behaupteten, dass Poseidon mit seinem Dreizack eine Quelle öffnete, die sich sofort mit Meerwasser füllte. Poseidon glaubte wohl, dass er mit dieser Geste den Wettbewerb gewinnen würde, gab es doch auf der Akropolis kein Wasser.

Münzen aus dem griechischen Altertum mit Olivenzweig und Kranz.

Athene ihrerseits brauchte kein so extravagantes Wunder zu vollbringen. Sie bückte sich lediglich und pflanzte einen Olivenbaum. Andere wiederum behaupten, dass Athene die Olive nicht eigentlich gepflanzt hätte sondern lediglich ihre Lanze in den Boden stiess, worauf augenblicklich ein Olivenbaum aus dem Boden schoss. Wenige Minuten später fing der Baum an zu blühen. Sein silbergrünes Blätterwerk hinterliess bei allen, die das Wunder schauten, einen tiefen Eindruck. Das war es! So einen Baum hatten selbst die Götter noch nie gesehen. Und da die Menschen damals weder gekochtes Essen noch Öl für Lampen kannten, mit denen sie das Dunkel hätten vertreiben können, brauchten die Götter nicht lange, um eine Entscheidung zu fällen. Sie waren sich alle einig, dass Athenes Geschenk für die Menschheit unerlässlich war.

Athenes heiliger Baum schrieb seine eigene Geschichte. Es wird berichtet, dass die Perser, die im Jahre 480 v. Chr. die Akropolis eroberten, den heiligen Baum anzündeten. Für die Athener war das natürlich ein schlechtes Zeichen. Die Trauer aber schlug schnell in Freude um, als die Athener am nächsten Tag sahen wie neue Zweige aus dem verkohlten Stamm ausschlugen: *"...Ein junger, grüner Zweig, zwei Ellen lang, ist unser neuer heiliger Baum!"*

Die Akropolis in Athen.

DER OLIVENBAUM UND ALIRROTHIOS

Der Entscheid der Götter bei der Versammlung auf der Akropolis erzürnte Poseidon, den Herrscher aller Gewässer sehr. So gross war sein Zorn, dass er bewirkte, dass es in Attika nicht mehr viel regnen soll. Auch Poseidons Familie war nun den Athenern schlecht gesinnt. Alirrothios, einer von Poseidons Söhnen (mit der Nymphe Evriti) war wütend darüber, dass sein Vater die Herrschaft über Attika verloren hatte, und stieg auf die Akropolis. Unter seinen Kleidern hielt er eine Axt versteckt, mit der er den von Athene gepflanzten Olivenbaum (damals noch der einzige Olivenbaum auf der ganzen Welt) fällen wollte. Aber er kam nicht dazu. Das Beil sprang ihm bei seinem Vorhaben aus den Händen. Statt dem Rohling bei seiner Arbeit zu helfen, fing es an, gegen seinen Besitzer auszuschlagen. Wie durch ein Wunder, so lautet die Sage, schlug es dem Bösewicht den Kopf ab. Anderen Quellen entnehmen wir, dass das Beil Alirrothios am Bein verletzte und er später den Verletzungen erlag.

OLIVENBAUM AUS HERAKLES' KEULE

Herakles, der bekannte Held der griechischen Mythologie, ging nirgendwo hin ohne seine Keule. Sie half ihm aus jeder Gefahr, aus denen er immer als Sieger hervorging. Die Keule hatte er aus einem wilden Olivenbaum angefertigt, den er in der Nähe des Saronischen Golfes gefunden hatte. Einmal befand sich Herakles auf dem Weg nach Trizina auf dem Peloponnes, als er vor einer Statue halt machte. Die Statue war dem jungen Hermes gewidmet. Herakles berührte die Hermes Statue mit seiner Keule, worauf die Keule augenblicklich Blätter und Wurzeln bekam! Als Pausanias nach Trizina ging, (der für seine Reiseberichte bekannte Grieche aus dem Altertum) zeigten ihm die Einwohner eine wilde Olive, die sich in der Nähe der Hermes Statue befand. *"Das ist der Baum, der aus Herkules' Keule spross, nachdem seine Keule mit Hermes' Statue in Berührung gekommen war"* wurde ihm erklärt.

NEUZEITLICHERE SAGEN ÜBER DIE OLIVE

Die fast unsterblichen Olivenbäume mit ihren riesigen Stämmen gaben Anstoss für viele Sagen die erklären, warum die Olive immer ein 'trockenes Herz' hat. (Innere des Stammes ist trocken)
Nachdem Jesus am Kreuz gestorben war und sich tiefe Trauer auf der Welt verbreitete, vertrockneten die Blätter der Bäume. Sogar Felsen wurden entzweigespaltet. Nur der Olivenbaum behielt seine Blätterpracht. Als der Olivenbaum danach gefragt wurde, gab er den anderen Bäumen zur Antwort: *"...Ihr habt eure Blätter verloren. Aber die Blätter werden wieder wachsen. Ich habe meine Blätter nicht verloren, aber das weiss nur mein Herz...."* Darum ist auch heute das Innere des Stammes immer trocken.

DIE TRÄNE JESU

In einer kretischen Sage wird erklärt, warum der Olivenbaum von Gott begnadigt wurde:
"Christus lebte in Angst als ihn die Schächer verfolgten, um ihn zu kreuzigen. Er wollte in Ruhe leben, fand aber keine Ruhe, weil ihm seine Verfolger hart auf den Fersen waren. Schlussendlich machte er unter einem Olivenbaum halt, setzte sich und lehnte seinen müden Kopf an den Stamm, um sich etwas auszuruhen. Er war viel zu aufgeregt zum Schlafen. Tränen der Erschöpfung rannen seine Wangen herunter und versickerten im Boden. Mit den Tränen Christi getränkt, ist der Olivenbaum ein begnadigter Baum. Deshalb gibt er uns jährlich das wertvolle Öl, das unsere Mahlzeiten auf so herrliche Weise bereichert, und das unsere Öllampen in den Kirchen und Klöstern zum Leuchten bringt. Ausser dem Olivenbaum gibt es auf der ganzen Welt keinen anderen Baum, der so begnadigt ist wie der Olivenbaum. Aber das ist ja auch erklärlich, denn welcher andere Baum wurde von Gottes Tränen getränkt?"

DIE OLIVEN ALS NAHRUNGSMITTEL

Die Oliven waren den Menschen schon in der vorgeschichtlichen Zeit als Nahrungsmittel bekannt. Anfangs standen den Menschen die nötigen Mittel nicht zu Verfügung, um die Oliven zu verarbeiten und ihnen den bitteren Geschmack zu nehmen. So ist es verständlich, dass in primitiven Gesellschaften die Olive ausschliesslich während der Erntezeit genossen wurde. Selbstverständlich assen die Menschen damals nur Oliven, die auf natürliche Art und Weise auf dem Baum reiften. Mit der Zeit aber entwickelten die Menschen in den Mittelmeerräumen eine Methode, mit der die Oliven haltbar gemacht werden konnten. So mussten sie das ganze Jahr über nicht auf dieses wichtige Nahrungsmittel verzichten. Sie fanden auch eine Methode, mit der sie den Oliven ihren bitteren Geschmack entziehen konnten. Während vielen Jahrhunderten galt das Salz als grundlegendes Konservierungsmittel, später kamen noch Olivenöl, Essig, Most und Honig dazu. Auch wurden den Oliven zur Konservierung und Verbesserung des Geschmackes verschiedene Kräuter beigelegt.

Einige Methoden zur Konservierung und Geschmacksverbesserung wie sie uns aus dem Altertum bekannt sind, werden auch heute noch fast unverändert praktiziert!

Die Behandlungsmethoden der Tafeloliven erlebten nur eine ganz geringe Modernisierung.

Während Jahrhunderten galt die Olive als Haupternährungsteil für die unteren Sozialschichten, die Reisenden, die Viehzüchter und die Armee.

Ausser Hauptnahrungsmittel der unteren Sozialschichten spielte die Olive im Altertum auch bei der Vorspeise eine wichtige Rolle. Aus diesem Grund, so scheint es, wurden den unter Appetitlosigkeit leidenden Patienten Oliven verabreicht. In Rom galt die Olive als beliebteste Vorspeise. Auf den Symposien, die für ihre Schlemmermahlzeiten bekannt sind, wurde zuerst ein Teller Oliven aufgetragen. Die unersättlichen Römer assen Oliven sogar als Nachspeise. Die Mahlzeiten fingen also mit Oliven an und hörten mit Oliven auf!

DIE OLIVEN IN DER ORTHODOXEN FASTENZEIT

Die orthodoxe Kirche befiehlt eine körperliche Läuterung vor grossen Festen wie z. B. Weihnachten, Ostern, Maria Himmelfahrt u. a. Zusätzlich werden

Verschiedene griechische Tafeloliven.

hauptsächlich in Klöstern der Mittwoch und der Freitag als Fastentage angesehen. An diesen Tagen ist der Genuss von tierischen Produkten strengstens untersagt, wobei während der grossen Fastenzeit sogar der Genuss von Olivenöl verboten ist, Oliven aber gegessen werden dürfen.

Die Tatsache, dass die Olive zu den Nahrungsmitteln gehört, die auch während der Fastenzeit auf den Tisch kommt, hat der Olive einen speziellen Platz eingeräumt. Aus diesem Grund wurden in den Klöstern die technischen Prozesse zur Konservierung der Olive entwickelt, wie das auch mit dem Wein und dem Getreide (Brot) der Fall war. So kommt es, dass die Olive zum täglichen Brot der Klosterinsassen gehört. Pierre Bellon, der Griechenland im 16. Jahrhundert bereiste, berichtet, dass sich die Mönche auf dem Heiligen Berg Athos hauptsächlich von Saubohnen, Gemüse und gesalzenen Oliven ernährten.

Der bekannte kretische Schriftsteller Nikos Kazantzakis berichtet über die Asketen, die ihr Leben in Höhlen fristen, folgendes: “*...Einen Korb hängen sie an einen Felsvorsprung am Meer. Die Fischer, die ab und zu vorbeikommen, legen Brot und Oliven in den Korb, um die Asketen vor dem Hungertod zu bewahren...*”

GRIECHISCHE SORTEN

In Griechenland werden die grossen, reifen Oliven verarbeitet, im Gegensatz zu anderen Ländern, (z. B. Spanien) dessen Oliven grün sind. Die einfachste Olive zum Verarbeiten ist die sogenannte "Rosinenolive", (Throumba oder Stafidolia) eine reife Olive, die selber ihren bitteren Geschmack verliert während sie noch am Baum hängt. Aber auch andere Varianten, die vor dem Genuss in Essig, Öl oder Salzwasser eingelegt werden, sind bei den Griechen beliebt. In vielen Gegenden Griechenlands ist die Methode, wie man den grünen Oliven den bitteren Geschmack entnehmen kann, schon lange bekannt. Die Tafeloliven und die Oliven, aus denen Öl gewonnen wird, gehören verschiedenen Sorten an. In vielen Gegenden Griechenlands werden aber Varianten gezüchtet, die sich für beide Zwecke eignen. Da aber nicht alle Oliven das gleich gute Öl abgeben, bevorzugen die griechischen Bauern die mindere Qualität als Tafelolive. Und so ist für das Öl beste Qualität garantiert.

TAFELOLIVEN AUS GRIECHENLAND

Konservolia

Wohl die bekannteste griechische Sorte. Ungefähr 80% der Tafeloliven Griechenlands sind Konservolia. Sie wachsen in Zentralgriechenland und erscheinen unter ihren Lokalnamen wie z. B. Amfissi, Agriniou, Volou, Atalandis, Ag. Konstantinou, Stilida u. a. m. Die Oliven sind mittlerer Grösse bis gross (5-8 Gramm, in manchen Fällen sogar bis 12 Gramm) Sie sind rund oder oval und werden in Salzwasser konserviert.

Oliven aus Kalamata

Eine der bekanntesten griechischen Tafelolive. Sie gedeiht im süd-südwestlichen Teil des Peloponnes und besonders in Messinia und Lakonia aber auch in Zentralgriechenland. Die Olive aus Kalamata ist nicht sehr gross. (3-6 Gramm) Sie ist schwarz und enthält zu 25% Öl. Diese Oliven werden angeschnitten und in mit Essig gewürztem Salzwasser konserviert.

Oliven aus Chalkidiki

In den letzten Jahren haben sich die Oliven aus Chalkidiki sehr hervorgetan. Diese Oliven werden in der Nähe des Heiligen Berg Athos kultiviert. Die Olive ist sehr gross, deshalb auch der Name "Eselsolive" (Gaidourolia).

Oliven aus Megara (Megaritiki)

Dies ist eine Sorte, die sich sowohl als Tafelolive als auch zur Gewinnung von Olivenöl eignet. Diese Olive ist klein und wird hauptsächlich für die Produktion von schwarzen Salzoliven oder von grünen, eingelegten Oliven gebraucht.

Kothreiki

Auch diese Oliven werden als Tafeloliven genossen und gleichzeitig zur Herstellung von Öl gebraucht. Sie werden auf dem Festland kultiviert. Gleichen in Grösse und Farbe der Konservolia.

Karidolia

Stammt von der Konservolia ab und gedeiht in Euböa.

Oliven aus Igoumenitsa

Stammt ebenfalls von der Konservolia ab, ist aber bedeutend kleiner. Gedeiht hauptsächlich in Igoumenitsa.

Rosinenoliven (Throumba)

Diese schwarze Olive verliert ihren bitteren Geschmack noch am Baum, während dem Reifungsprozess. Sie ist von kleiner bis mittlerer Grösse und wird hauptsächlich auf Kreta, auf den Ägäischen Inseln und in der Attiki kultiviert. Der bittere Geschmack wird von einem sich auf der Olive befindenden Pilz umgewandelt. Von dieser Sorte werden die zerquetschten, schwarzen Oliven hergestellt. (Siehe unten)

Die Rosinenoliven (Stafidolies). Ein erstklassiges Produkt!

Diese Olivensorte ist eigen in ihrer Art und erfüllt alle Voraussetzungen für eine gesunde Ernährung, da sie ohne grosse Salzzugabe gelagert werden kann. Ihr Name sagt nichts aus über ihre Herkunft sondern über ihre Eigenschaften. Diese Olive braucht nicht verarbeitet zu werden. Sie reift am Baum und wird von Hand gepflückt. In letzter Zeit jedoch machen sich die Bauern die Ernte etwas leichter. Sie legen Plastiknetze unter die Bäume und so können die heruntergefallenen Oliven auf einfache Art gesammelt werden. Die Oliven werden gewaschen, zum Trocknen ausgelegt, zur Geschmacksverbesserung leicht gesalzen und zuletzt vakuumverpackt. Sie können auch ohne Salzzugabe in Olivenöl konserviert werden. In letzter Zeit haben sich viele Leute zur Gewohnheit gemacht, die Oliven ohne weitere Zugaben im Gefrierfach aufzubewahren. Erst einige Stunden vor dem Essen werden sie herausgenommen.

Die Oliven sind schwarz, "süss" und runzelig. Letzteres macht nicht auf alle Leute einen guten Eindruck. Diejenigen aber, die den Nährwert dieser Olive kennen, lassen sich von diesem "Schönheitsfehler" nicht irreführen.

Die modernen Essensanschauungen, nach denen wir weniger Salz zu uns nehmen sollten, könnten bei der Verbreitung dieses gesunden und natürlichen Produktes eine positive Rolle spielen.

Weitere griechische Tafeloliven

Es gibt noch mehr griechische Tafeloliven, die nicht als verarbeitete Produkte auf dem Markt landen. Fast in ganz Griechenland können ausserordentlich gute Oliven angetroffen werden. (Von den angeschnittenen, wie sie schon die alten Griechen kannten, bis zu den eingelegten) Auf Kreta können sie sowohl die kleinen grünen Oliven probieren wie auch Oliven, die mit Kräutern, Orangen u. a. m. gewürzt werden oder in Öl konserviert werden und viele andere. Leider werden nur wenige Sorten auf dem Markt feilgehalten!

VERARBEITUNG DER TAFELOLIVE

Es gibt verschiedene herkömmliche Methoden zur Verarbeitung der Tafelolive. Jede dieser Methoden aber stützt sich auf das Grundverfahren, nach dem schon die alten Griechen ihre Oliven haltbar machten. Die Sorten, die nicht am Baum reifen, müssen mit Salz oder Asche behandelt werden, damit sie ihren bitteren Geschmack verlieren. Das Anschneiden der Olive sowie auch das Zerquetschen mit einem hölzernen Gegenstand, (damit der Kern nicht verletzt wird) sind Methoden, die auch heute noch in vielen Gegenden Griechenlands praktiziert werden. Die Art der Methode hängt sowohl vom Reifezustand als auch von der Sorte und Grösse der Olive ab. Der Arbeitsprozess, der heute für den Verkauf bestimmter Oliven angewendet wird, basiert auf herkömmlichen Methoden, die ständig modernisiert wurden, um die bestmöglichste Qualität zu garantieren.

STELLEN SIE IHRE EIGENEN TAFELOLIVEN HER!

Oliven aus Kalamata, angeschnitten, in Öl. Wenn sie schwarze Oliven aus Kalamata finden können, probieren Sie doch dieses langbewährte Rezept aus!
Diese Oliven sind dick und werden gepflückt wenn sie schwarz und noch fleischig sind. Wählen Sie nur Oliven aus, die noch fest und ohne Flecken sind. Machen Sie mit einem scharfen Messer zwei Seiteneinschnitte. Seien Sie dabei vorsichtig, denn der Kern soll unverletzt bleiben. Legen Sie die Oliven für ca. zehn Tage in Wasser ein, (am besten in einem Glas oder Tontopf) damit sie ihren bitteren Geschmack verlieren. Einmal am Tag sollte das Wasser ausgewechselt werden. Dann nehmen Sie einen Liter Wasser (auf ein Kilo Oliven) und fügen hundert Gramm Salz hinzu. Belassen sie die Oliven für zwei Tage in dieser Salzwasserlösung. Am dritten Tag lassen Sie die Oliven abtropfen. Anschliessend legen Sie sie in eine Essig-Wasser-Lösung (4:1). Belassen Sie die Oliven für zwei Tage darin. Abtropfen lassen, in ein Glas oder Tongefäss geben, soviel Öl dazugeben,

Grüne, eingeschnittene Oliven

dass die Oliven einen Zentimeter überdeckt sind. Bei Bedarf Lorbeerblätter oder Oregano dazugeben.
Nach einem anderen Rezept werden die Oliven, nachdem ihnen der bittere Geschmack genommen wurde, in ein Glas oder Tongefäss gegeben und mit einer Salz-Essig-Lösung eingedeckt (3:1) Die Salzlösung besteht aus hundert Gramm Salz und einem Liter Wasser. Das ganze wird mit einem Zentimeter Olivenöl überdeckt und das Gefäss geschlossen.

Wie die eingeschnittenen (tsakistes) Oliven hergestellt werden

Diese Oliven werden bereits im Oktober in noch grünem Zustand gepflückt. Sie werden vorsichtig zerdrückt, damit der Kern nicht verletzt wird. Am besten werden sie einzeln mit einem hölzernen Gegenstand "geschlagen" bis sich das Fleisch öffnet, aber ohne dass sich der Kern löst. Sie werden eingelegt, bis sich ihr bitterer Geschmack verliert. Das dauert ungefähr zehn Tage. Das Wasser sollte jeden Tag ausgewechselt werden. Anschliessend werden die Oliven in Salzwasser gelegt, (auf jedes Kilo Oliven ein Liter warmes Wasser und hundert Gramm Salz) Fügen Sie 3/4 Tassen Zitronensaft hinzu wie auch verschiedene Kräuter. (Oregano, Zitronenschalen, Chilischoten u. a.) Die Oberfläche kann mit einem Zentimeter Öl überdeckt werden.
Die zerquetschten Oliven sollten nicht zu lange auf diese Weise gelagert werden, da sie mit der Zeit vom Grauschimmel befallen werden können.

Diese Oliven schmecken besonders gut wenn sie mit Petersilie, durchgepresstem Knoblauch und Zitronenöl serviert werden.

Mit Thymian gewürzte Oliven

VORSICHT: *Die Gefässe, in denen die Oliven aufbewahrt werden, müssen an einem kühlen und dunklen Ort gelagert werden. Auf diese Weise können sie bis zu einem Jahr haltbar gemacht werden. Selbstverständlich können sie auch im Kühlschrank gelagert werden. Vor dem Genuss ist es angeraten, die Oliven abzuspülen und anschliessend abtropfen zu lassen. Ob alleine, mit Brot oder Käse oder zu Salaten genossen, oder als Beilage zu verschiedenen Gerichten, schmecken diese Oliven immer ausgezeichnet.*

Mit Rosmarin gewürzte Oliven

Der Geschmack der gekauften oder selbst eingemachten Oliven kann noch verbessert werden, wenn sie je nach Bedarf mit Rosmarin, Koriander, Oregano, Thymian, Lorbeer, Paprikaschoten, Knoblauch, Zitrone, Orangenschalen u. a. m. gewürzt werden.

- 2 Tassen Oliven
- 1 Knoblauchzehe
- 2 Chilischoten
- 1 Zitrone, in vier Teile geschnitten
- 1 EL Rosmarin
- 2 EL Essig
- 1 Tasse Olivenöl

In einem Gefäss werden die Oliven mit dem Knoblauch, den Chilischoten und den Zitronen vermischt. Verquirlen Sie das Öl und den Essig zu einer sähmigen Sauce, die Sie über die Oliven giessen, so dass dieselben mit Flüssigkeit eingedeckt sind. Können in gut verschlossenem Gefäss im Kühlschrank ziemlich lange aufbewahrt werden.

OLIVENBREI

Im Altertum wurden die Oliven in grossen Mengen als Brei verzehrt. Die Oliven wurden sowohl vor wie auch nach dem Pressen genossen. Auch heute noch werden die zerquetschten Oliven von den Griechen sehr geschätzt. Es scheint, dass sie diese Vorliebe von ihren Vorfahren übernommen haben. Kallimachos, der in den ersten Jahrzehnten des 3. Jahrhunderts v. Chr. tätig war, berichtet, dass aus der Olive der wohlschmeckende Olivenbrei gewonnen wird.

Der Olivenbrei kann die Butter beim Frühstück ersetzen oder als Vorspeise genossen werden. Um Olivenbrei herzustellen, zerquetschen wir die Oliven und würzen sie, je nach Geschmack, mit Koriander, Kümmin, Oregano, Pfefferminze, Thymian, Knoblauch, Zwiebeln, Chilischote, Zitrone etc.

Olivenbrei mit Oregano

- 1 Tasse schwarze Oliven, ohne Kern
- 2 Knoblauchzehen, fein geschnitten
- 2 EL Zitronensaft
- 1 EL Oregano
- 4 EL Olivenöl

Wir geben alle Zutaten in den Mixer und pürieren sie. In einem Gefäss wird der Brei wähend 4-5 Tagen im Kühlschank aufbewahrt. Wenn Sie nicht so viel Zeit haben, lassen Sie den Brei während wenigstens zwei Stunden ziehen.

Olivenbrei mit Pfefferminze und Fenchelkraut

- 1 Tasse schwarze Oliven, ohne Kerne
- 2 EL Fenchelkraut, fein geschnitten oder
- 1 EL Fenchelsamen, geröstet und gemahlen
- 1 Knoblauchzehe
- 2 EL Pfefferminze
- 1 Chilischote
- 1 EL Zitronen- oder Orangensaft
- 1 EL guter Essig
- 4 EL Olivenöl

Wir geben alle Zutaten in den Mixer und pürieren sie. Vor Gebrauch mindestens 2-3 Stunden im Kühlschrank ziehen lassen. Ist im Kühlschrank einige Tage haltbar.

WAS IST OLIVENÖL ?

Die Olive stammt vom Olivenbaum, der im Mittelmeerraum z. T. selber wächst, seit geraumer Zeit aber auch in den USA und in Australien kultiviert wird. Es gibt viele Olivensorten. Einige werden nur für die Ölgewinnung gebraucht, andere wiederum nur als Tafeloliven. Letztere sind meist gross. Es gibt aber auch Oliven, die sich für beide Methoden eignen. Der Olivenbaum blüht im April und Mai und schon einige Tage nach dem Blühen kommen bereits die ersten "Früchtchen" zum Vorschein. Die Oliven sind im Anfangsstadium noch grün. Diese Farbe behalten sie fast bis zum letzten Reifungsstadium bei. Wenn die Oliven reifen werden sie zuerst rot und dann schwarz. Die Ernte findet nicht bei allen Sorten zur gleichen Zeit statt. Die meisten Sorten aber werden Ende Herbst gepflückt.

Die Olive ist oval, hat ein fleischiges Äusseres und einen hölzernen Kern. Das Olivenöl ist der natürliche Saft der Olive und wird auf chemische oder maschinelle Weise gewonnen. **Das Öl befindet sich im fleischigen Teil der Olive.**

Vorsicht

Es besteht ein grosser Unterschied zwischen Pflanzenöl und Olivenöl, was die Zusammensetzung, die Eigenschaften des Öles und die Gewinnung desselben betrifft. Das Pflanzenöl wird mittels eines chemischen Prozesses gewonnen, wobei das Olivenöl auf einfache und natürliche Art gewonnen wird.

OLIVENERNTE UND ÖLPRODUKTION

Die Olive ist relativ einfach in ihrer Pflege. Nur ihre Ernte ist etwas mühsam. Es wird gerechnet, dass 60% der Auslagen bei der Olivenernte ausgegeben werden! Der Olivenbaum ist sehr wetterbeständig und einfach zum Kultivieren.

In Gegenden, in denen es nicht viele Oliven gab, wurden früher die Oliven von Hand gepflückt. Die Bauern warteten bis die Oliven vom Baum fielen und lasen sie vom Boden auf. Wenn bei der Ernte noch nicht alle Oiven heruntergefallen waren, wurden die Äste mit einem Stock geschlagen. Es war dann Frauensache, die Oliven in mühseliger Arbeit aufzulesen. Die Oliven wurden in Körbe gelegt, wie wir das Vasen aus dem Altertum und byzantinischen Malereien entnehmen können. Diese Art der Ernte aber garantiert keine gute Ölqualität. Die herkömmliche Art der Ernte in Gebieten mit vielen Olivenbäumen war diejenige mit dem Stock. Die Bauern schlugen mit einem Stock auf die Äste, die Oliven fielen auf Netze, die man vorher

Olivenernte auf der Insel Lesbos in alten Zeiten. Gemälde von Stratis Axiotis (Aus dem Buch von Th. Paraskevaidis: "(α λιόδεντρα και οι ξωμάχοι στη Λέσβο".

Wurzeln des jahrhundertealten Olivenbaumes. Die Olivenbäume sterben nie! Frische Schösslinge schlagen aus den Wurzeln und so erneuert sich der Baum ständig.

unter den Bäumen ausgebreitet hatte. In Gebieten mit einer niedrigen Olivenproduktion wurden die Äste abgestreift und die Oliven so gepflückt. Diese Art der Ernte ist wohl die bessere, wird doch auf diese Weise die Olive nicht verletzt. Aber bei einer grossen Produktion kann sie unmöglich angewendet werden.

In den letzten Jahren ist die Olivenernte modernisiert worden. Bei der Ernte werden kleine Geräte gebraucht mit Gummistreifen, die rund um einen Metallstab angebracht sind. Der obere Teil dieses Stabes rotiert und mit ihm die Gummistreifen, die, wenn nah an die Olivenzweige gehalten, die Oliven "abrasieren". Auf diese Weise hat sich die Ölproduktion erhöht. Früher wurden die Oliven in grossen Säcken zum Pressen gebracht. Diese Art der Lagerung, besonders wenn sie einige Tage dauerte, beeinträchtigte natürlich die Qualität des Öles erheblich. Deshalb werden heute die Oliven in grossen, luftdurchlässigen Plastikeimern transportiert und spätestens zwei Tage nach der Ernte gepresst.

Einrichtung einer Ölpresse aus dem minoischen Palast in Phaistos.

ÖLPRODUKTION

1. Geschichtlicher Bericht

Die Methode, mit der in vorgeschichtlichen Jahren das Olivenöl gewonnen wurde, ist nicht ganz klar. Es scheint aber, das jede Familie ihr eigenes Öl herstellte. Die Oliven wurden in Steingefässen zerdrückt. Anschliessend wurde Wasser in das Gefäss gegossen was bewirkte, dass das leichtere Öl obenauf schwamm. In späteren Jahren wurden die Oliven zwischen zwei grossen Steinen gepresst, was zur Folge hatte, dass sich auch andere Stoffe mit dem Öl vermischten. Aber weil das Öl leichter ist als die anderen Stoffe, die es enthält, stellte diese Methode keine weiteren Probleme dar. Mit der Zeit dachten sich die Menschen neue Techniken aus, und schon bald dienten Hebel zur einfacheren Ölgewinnung. In Santorini entnehmen wir einer Wandmalerei aus dem 6. Jahrhundert v. Chr. dass sich die Inselbewohner einer Olivenpresse mit Hebel bedienten. Der Hebel war an einem festen Ort angebracht. (an einer Wand) Der Druck auf den Hebel bewirkte, dass der Olivenbrei gepresst wurde und somit Öl gewonnen werden konnte. Später wurden die Olivenpressen erfunden, die natürlich

Stein von einer alten Ölpresse aus der Sammlung von Gianni Papadakis, Axos, Milopotamos.

bessere Resultate brachten.

Bis vor kurzem (noch in den ersten Jahrzehnten des 20. Jahrhunderts) war die Olivenölproduktion keine einfache Sache. Zuerst wurden die Oliven zwischen zwei grossen Steinrädern zu Brei verarbeitet. Die Steinräder befanden sich in der Mitte eines Heubodens und wurden von zwei Zugtieren, die um den Heuboden gingen, in Bewegung gehalten. Anschliessend wurde der Brei (gemahlene Kernteile, Öl und sonstige Säfte) in Leinensäcke abgefüllt, einige gefüllte Säcke aufeinandergeschichtet und auf die Presse gelegt. Durch den Druck wurden die Säfte herausgepresst. (Wasser und Öl) Wieder wurde das Öl oben abgenommen. Erst als der Strom eingeführt wurde und durch ihn das Zentrifugieren, konnte auch die Ölproduktion vereinfacht werden.

Einrichtung von alten Ölpressen. Sie waren noch bis anfangs des 20. Jahrhunderts in Betrieb.

2. Die "Synolea" Methode

Die heutige maschinelle Technik garantiert die besten Voraussetzungen zur Gewinnung von reinem Olivenöl, ohne dass sich andere Säfte mit dem Öl vermischen. Metallhämmer zerquetschen die Oliven, worauf verschiedene Methoden angewendet werden, um das Öl zu gewinnen. Eine dieser Methoden ist die Zentrifugierung. Die modernste aller Methoden ist die Synolea Methode. Eigens für diesen Zweck hergestellte Klingen werden in den Olivenbrei getaucht und wieder

Alte Ölpresse aus einem Kloster. (Ag. Georgios in Karidi, Chania) War noch bis anfangs des 20. Jahrhunderts in Betrieb.

hochgezogen. Auf den Klingen haben sich aufgrund des Kohäsionsgesetzes Öltropfen angesammelt. Auf diese Weise wird ein qualitativ sehr hochstehendes Öl gewonnen, das über lange Zeit gelagert werden kann, ohne seine Eigenschaften zu verlieren. Das durch obengenannte Methode gewonnene Öl behält seine natürlichen Aromen und ist sehr schmackhaft.

Abbildung einer Presse aus dem Altertum.

KONSERVIERUNG UND LAGERUNG DES ÖLES

Die idealste Lösung zur Aufbewahrung des Öles sind dunkle Glasflaschen. Sie bewirken, dass das Olivenöl während einigen Monaten alle seine Eigenschaften beibehält. Das Olivenöl ist lichtempfindlich und wird leicht sauer wenn es für längere Zeit an der Sonne, in einem hellen Raum oder sogar bei künstlichem Licht gelagert wird. Deshalb muss das Öl, falls es in durchsichtige Flaschen abgefüllt wurde, in einem dunklen Raum aufbewahrt werden. Die idealste Temperatur zur Aufbewahrung von Olivenöl liegt zwischen 10-15 Grad.

Vorsicht

Das Olivenöl sollte nie in Kontakt kommen mit Kupfer oder Eisen. Diese Metalle haben die Eigenschaft, das Öl in eine Säure zu verwandeln. Das Öl darf nur in speziellen, rostfreien Metallgefässen aufbewahrt werden.

QUALITÄTEN DES OLIVENÖLS

Praktische Ratschläge

Das Olivenöl wird international in verschiedene Kategorien eingeteilt, je nach Verarbeitungsverfahren, Säuregehalt und chemischer Zusammensetzung. Zusätzlich wird das Öl von Fachleuten auf Aroma und Geschmack geprüft. Diese zwei Eigenschaften, zusammen mit der Farbe des Öles, unterliegen internationalen Regeln, wonach das Öl in verschiedene Kategorien eingeteilt wird. Der Flüssigkeitsgrad spielt eine weitere Rolle in der Beurteilung des Olivenöls.

Die Farbe

Die Farbe des Olivenöls ist nicht immer ein Zeichen seiner Qualität. Die Farbtöne eines guten Öles können

variieren: von grün bis goldgelb. In ungefiltertem Zustand kann es auch trüb sein. Und da die Farbe keinen Einfluss auf die Qualität des Öles hat, wird das Öl bei der Probe in dunkle Becher abgefüllt, um die Fachleute nicht zu beeinflussen. Die Farbe des Öles wird von den in den Oliven enthaltenen Substanzen bestimmt. Beim grünen Olivenöl herrscht das Chlorophyll vor, beim goldgelben Öl das Karotin. Die Oliven, die am Anfang der Ernte gepflückt werden, geben aufgrund ihres hohen Chlorophyllgehaltes ein grüneres Öl ab.

Geschmack und Aroma

Das Öl, bei dessen Genuss ein fruchtiger Geschmack verspürt wird, oder wenn es so riecht als sei es eben frisch von der Presse gekommen, wird als "tugendhaft" bezeichnet. Die Fachleute sehen es keineswegs als Nachteil an, wenn sie im Olivenöl den Geruch von Früchten (Äpfeln, Nüssen u. a. m.) herausriechen können. Wie wir das auch beim Wein beobachten können, sind das Aroma und der Geruch von einer Reihe aromatischer Stoffe abhängig, von einem komplizierten "Blumenstrauss" also, der dem Öl den Geschmack frischer Früchte verleiht.
Die Bitterkeit des Öles ist ein Hinweis dafür, dass die Oliven in noch nicht ganz reifem Zustand gepflückt wurden. Ein wohlriechendes Aroma und ein vorzüglicher Geschmack sind auf den Verarbeitungsprozess und auf das Produktionsgebiet zurückzuführen. Ein Früchtegeschmack ist Beweis dafür, dass die Oliven in reifem Zustand gepflückt und unter den besten Bedingungen verarbeitet wurden. Wenn das Olivenöl keinen frischen Geruch oder Geschmack hat, sollte es nicht konsumiert werden. Es braucht aber eine gewisse Erfahrung, um das Olivenöl mit Sicherheit einstufen zu können.

Säuregrad

Als Tafeloliven werden vom internationalen Komitee für Olivenöl diejenigen Oliven bestimmt, deren Säuregehalt 3.3 % nicht übersteigt. Das Olivenöl, dessen Säuregehalt Grad 1 nicht übersteigt, gilt als qualitativ das beste. Der Säuregehalt des Öles ist auf jeder im Handel erhältlichen Flasche angegeben. Griechenland produziert ausserordentlich feine Öle, deren Säuregehalt z. T. unter 0.5 Grad liegt! Auch der Säuregehalt ist ein Stoff, der den Geschmack des Öles beeinflusst.
Der erhöhte Säuregrad eines Öles kann bei der Probe sofort erfasst werden. Dieses Öl hinterlässt einen nicht sehr wünschenswerten, scharfen Geschmack. Die Erntemethode, die Lagerungsweise sowie der Verarbeitungsprozess können den Säuregehalt beeinflussen. Diejenigen Oliven, die für das biologische Olivenöl bestimmt sind, werden besonders schonend behandelt. Dies fängt schon bei der Ernte an. Die gepflückten Oliven werden nicht in Säcken sondern in Eimern zur Presse gefahren, damit das Fleisch nicht verletzt wird. Beim Extra Virgin Olivenöl wird ganz stark darauf geachtet, dass die Oliven spätestens am zweiten Tag nach der Ernte verarbeitet werden, denn nur so ist eine hohe Qualität garantiert.

Oxidierung (Ranzigkeit)

Die Oxidierung (Ranzigkeit) beeinträchtigt die Qualität des Olivenöls in grossem Masse. Die Lagerungsweise (Licht, Sauerstoffverhältnisse etc.) haben grossen Einfluss auf die Oxidierung. Die Fachleute müssen nicht erst chemische Untersuche anstellen, um die Oxidation zu erkennen, da das ranzige Öl einen sehr unangenehmen Geschmack hat. Die Ölproduzenten bedienen sich eines sehr einfachen Verfahrens, mit dem sie das gute vom schlechten Öl unterscheiden können: Ihre Erfahrung! "Wenn das Öl ranzig ist, schmeckt es wie Erde," pflegen sie zu sagen. Auf Kreta wird die Ranzigkeit mit dem Wort "erdig" bezeichnet. In Kalavrita auf dem Peloponnes sagt man: "Dieses Öl ist nicht gut, weil es auf der Zunge brennt."

Bei der Oxidierung des Öles gehen wertvolle Stoffe verloren, hauptsächlich jene, die das Öl im Vergleich zu den anderen Fetten wertvoller macht. Bei der Oxidierung können die fettlöslichen Vitamine und die lebenswichtigen Fettsäuren verlorengehen. Im schlimmsten Falle werden sogar giftige Stoffe entwickelt, die für den menschlichen Organismus gefährlich sein können.

EIGENSCHAFTEN DES OLIVENÖLS

Spielen auch Sie den Fachmann, die Fachfrau! Versuchen auch Sie einige Olivenölsorten! Die Erfahrungen, die sie dabei sammeln könn, werden Ihnen bei der Wahl eines qualitativ hochstehenden Olivenöls zugute kommen.

Das biologische Olivenöl

Das griechische Olivenöl ist allgemein von sehr hochstehender Qualität. Für die Kultivierung der Olivenbäume werden fast keine chemischen Produkte verwendet. Zudem werden die Oliven so schonend wie möglich verarbeitet. Während der Reifezeit werden die Oliven mit einem speziellen Mittel gespritzt, das auf die Parasiten wie ein Köder wirkt, sie anzieht und tötet. Die biologische Landwirtschaft geht noch weiter. Der Bauer, der biologisch anbaut, macht überhaupt keinen Nutzen von chemischen Mitteln, weder um Krankheiten zu bekämpfen noch zum Düngen. In den letzten Jahren ist der biologische Olivenanbau in Griechenland sehr populär geworden und hat grosse Erfolge erlebt. (z. B. internationale Preise für seine hervorragende Qualität) Daher ist es nicht verwunderlich, dass der biologische Olivenanbau immer mehr Anhänger findet.

> ***Vorsicht***
>
> *Das im Handel erhältliche biologische Olivenöl muss unbedingt als solches gekennzeichnet sein.*

Das biologische Olivenöl hat wichtige organische Eigenschaften. Das Öl wird nur maschinell oder auf natürliche Weise und unter strengsten Vorschriften gewonnen. Die Erhitzung des Öles oder andere Methoden, die die hohe Qualität des Öles beeinträchtigen könnten, sind strengstens untersagt.

In allen EU Ländern (Griechenland miteinbegriffen) sind die biologischen Produkte strengen Kontrollen unterstellt. Meist wird das biologische Öl mit dem Namen: **"Extra Virgin Olivenöl"** bezeichnet, manchmal aber auch nur mit dem Namen: **"Virgin".**

PRAKTISCHE RATSCHLÄGE

Das gute Olivenöl hat stets einen angenehmen Geruch und Geschmack. Um die bestmöglichste Qualität zu sichern sollten Sie das "Extra Virgin Olivenöl" den anderen Ölen vorziehen. Wenn der Säuregrad angegeben ist, wählen Sie den niedrigsten. Die internationalen Regeln erlauben, dass der Säuregrad für "Extra Virgin Olivenöl" zwischen 0.1 und 1.0 liegt. In den letzten Jahren war zu beobachten, dass einzelne Produzenten sogar die Dezimalstelle genau angeben. (z.B. 0.4., 0.5 etc.) Das ist ein gutes Zeichen und garantiert, dass der Käufer ein qualitativ aussergewöhnlich hochstehendes Produkt kauft und kein billiges Gemisch aus verschiedenen Ölen.

VERFÄLSCHUNGEN

Es ist ein Kinderspiel, das Olivenöl mit anderen, minderwertigeren Ölen zu mischen. Das kann leicht bei gewissenlosen Geschäftsleuten vorkommen, die das Öl offen verkaufen. Verfälschungen kommen bei abgefüllten Produkten, auf deren Etiketten die Produzenten angegeben werden, kaum vor. Man muss fast ein Ölexperte sein, um eine Ölverfälschung feststellen zu können, denn sie lässt sich nicht allein an der Farbe oder am Geruch erkennen.
Aber durch moderne technische Hilfsmittel kommt man den Sündern leicht auf die Spur. Zudem würde kein bekannter Ölproduzent davon träumen, für ein wenig Geld seinen guten Ruf aufs Spiel zu setzen.

RATSCHLAG

Wenn die Aussentemperatur unter Null Grad sinkt, wird das Olivenöl dick und erhält eine trübe Farbe, wobei andere Öle weder ihre Konsistenz noch ihre Farbe verlieren. Falls Sie offenes Öl gekauft haben, können Sie selber den Kälteversuch anstellen. Ihr neues Wissen wird Ihnen dabei helfen!

A. VIRGIN OLIVENÖL

Das Virgin Olivenöl, unabhängig von seiner Kategorie, ist ein natürliches Produkt, das so verarbeitet wurde, dass seine hohe Qualität und die Eigenschaften, die das qualitativ hochstehende Öl auszeichn, nicht beeinträchtigt werden. (Auch wird das Virgin Olivenöl bei einer Temperatur von höchstens 33 Grad Celsius verarbeitet.) Das Virgin Olivenöl wird in den meisten Gegenden Griechenlands gegessen und es ist selbstverständlich dieses Öl, das die Ärzte so sehr loben und wodurch sich die kretische Ernährung als die gesündeste des ganzen Mittelmeerraumes hervorhebt. Dieses Öl ist ein natürlicher Saft, der

dank der vorsichtigen Verarbeitung alle seine Eigenschaften wie Vitamine und Spurenelemente beibehält.

1. Extra Virgin Olivenöl
Von aussergewöhnlich hochstehender Qualität. Mit ausserordentlichem Geschmack und Aroma, dessen Säuregehalt zwischen 0.1-1 liegt, d. h. 0.1-1 Gramm Fettsäure auf einen Deziliter Öl.

2. Virgin Olivenöl fine
Olivenöl mit gutem Geschmack und Aroma. Sein Säuregehalt kann bis zu 1.5 % Fettsäure auf einen Deziliter Öl enthalten.

3. Virgin Olivenöl semi-fine
Olivenöl mit gutem Geschmack und Aroma. Der Säuregehalt kann bis zu 3.3% erreichen. (3.3 % Fettsäure)

4. Virgin Olivenöl lampante
Geschmack und Aroma sind nicht gut. Kann nicht ohne speziellen Verarbeitungsprozess (Raffinement) genossen werden. Sein Säuregehalt kann 3.3% erreichen.

B. RAFFINIERTES OLIVENÖL

Wird mittels chemischem Prozess aus Virgin Olivenöl lampante hergestellt. Geschmack und Aroma des Öles sind unangenehm, deshalb muss es vor dem Genuss speziell verarbeitet werden. Dieser Raffinierprozess entzieht dem Olivenöl aber seine wertvollen Stoffe und Vitamine, die in den Tokoferolen und Sterolen enthalten sind. Die Farbe von raffinierten Ölen steht in keinem Vergleich zur “lebendigen” Farbe, die das Virgin Olivenöl hat. Es ist fast durchsichtig und hellgelb, wobei Geschmack und Aroma neutral sind. Im Gegensatz zu anderen ölproduzierenden Ländern, die zum grössten Teil raffiniertes Öl herstellen, kommt in Griechenland sehr wenig raffiniertes Öl auf den Markt. Die griechischen Olivenhaine produzieren in einem sehr grossen Masse qualitativ hochstehende Oliven, deren Öl ohne spezielles Verfahren gewonnen werden kann. Für die meisten Griechen ist es undenkbar, raffiniertes Öl auf den Tisch zu bringen, haben sie sich doch an das aussergewöhnlich feinschmeckende Virgin Olivenöl gewöhnt.

C. OLIVENÖL PURE

Kommt in letzter Zeit immer mehr auf im Handel. Eigentlich handelt es sich um raffiniertes Öl, dem Virgin Olivenöl zugefügt wurde, um die Eigenschaften des Öles zu verbessern. Leider gibt es keine festen Massstäbe, an die sich die “Ölmischer” halten müssen. Das Öl kann bis zu 50% aus Virgin Olivenöl bestehen, es können aber auch nur 10% des guten Öles beigemischt worden sein! Es ist einfach, dem neutralen, raffinierten Olivenöl eine Farb- sowie Geschmacks- und Aromaverbesserung zu verleihen. Die Industrien, die das

Olivenöl pure herstellen, halten sich an gewisse Regeln, was das Verhältnis zwischen den zwei Ölen anbetrifft. So wird die Qualität des Öles gesichert, zur gleichen Zeit aber auch die Preise konkurrenzfähig gehalten.
Der Säuregehalt kann bis zu 1.5% erreichen.

D. KERNÖL

Wird mittels chemischen Prozesses von den Olivenkernen gewonnen. Der Olivenkern ist hölzern. Sein Öl sowie das vom Rückstand können nicht durch natürliche Verfahren gewonnen werden. Deshalb werden zu diesem Zweck chemische Lösungen gebraucht. Der Säuregehalt dieses Öles übersteigt die 1.5% Grenze nicht.

EXTRA VIRGIN OLIVENÖL BIS ZU 90%!

Die griechischen Olivenhaine produzieren zwischen 80-85% Extra Virgin Olivenöl. In einigen Gebieten (z. B. Kreta) ist dieser Prozentsatz noch höher (85-90%) und nimmt ständig zu.

RATSCHLAG

Das Extra Virgin Öl mag wohl etwas teurer sein, aber seine Qualität ist unübertrefflich.
Es ist ein durchaus natürliches Produkt, an das Sie sich Ihrer Gesundheit zuliebe gewöhnen sollten und das in Ihrer Küche die Butter und andere Fette ersetzen sollte! Auch Salaten verleiht es einen aussergewöhnlich guten Geschmack.

DIE CHEMISCHE ZUSAMMENSETZUNG DES OLIVENÖLS

Das Olivenöl ist bis zu 85% ein flüssiges Fett und besteht aus einer Gruppe von Stoffen, die dem Öl seine Eigenschaften verleihen. Unter denen sind:
organische Säuren
Farbsubstanzen
Kohlenwasserstoffe
Metalle (Spurenelemente etc.)
Die im Olivenöl enthaltenen Fettsäuren werden in gesättigte (Palmitin- und Stearinsäure u. a.) und ungesättigte (Öl-, Linol- und Linolensäure) Fettsäuren eingeteilt. Die ungesättigten Fettsäuren wiederum werden in einfach gesättigte und mehrfach gesättigte unterteilt. Um es kurz zu sagen: die ungesättigten Säuren sind flüssig, wobei die gesättigten fest sind. Bei Zimmertemperatur bleibt also das Olivenöl aufgrund des grossen Anteils an ungesättigten Fettsäuren flüssig.
Im Olivenöl enthaltene Fettsäuren:
Omega-9 Fettsäure 63-83%
Palmitin 7.0-17%
Palmitinsäure 0.3-3.0%
Omega-6 Linolsäure 3.5-14%
Stearinsäure 0.5-5.0%
Omega-3 Linolensäure
Aroma
Das in den südlicheren Teilen des Mittelmeerraumes produzierte Olivenöl enthält mehr Linolsäure als das im Norden produzierte Öl.

ANDERE STOFFE

Tokopherolen 150-170mg/kg

Eine ausgezeichnete Quelle für Vitamin E. Es verhindert die LDL-Oxidation im Blut und schützt somit vor Arteriosklerose.

Phenolen, Polyphenolen, Phenolsäuren

Sie haben eine wichtige anti-oxidierende Wirkung und schützen das Olivenöl bei hohen Temperaturen.

Sterolen und spezielle Beta-Sitosterolen

Diese sind nur im Olivenöl enthalten. Sie spielen eine wichtige Rolle im Darm, wo sie die Aufnahme von Cholesterin hemmen.

Kohlenwasserstoffe (Squalin, Beta-Carotin u. a.)

Auch diese Stoffe haben eine anti-oxidierende Wirkung. Neuere Studien haben gezeigt, dass z. B. das Squalin bei der Vorbeugung von Brustkrebs eine wichtige Rolle spielt oder allenfalls die Entwicklung desselben verlangsamen kann. Dasselbe gilt wahrscheinlich auch für andere Arten von Krebs.

Alkohole (Terpen-Alkohole)

Es wird angenommen, dass diese Alkohole die Ausscheidung von Galle fördern, was eine cholesterinsenkende Wirkung hat.

Farbsubstanzen im Olivenöl

Beta-Carotin
Alpha-Chlorophyll
Beta-Chlorophyll
Diese Stoffe sind äusserst wichtig für den Stoffwechsel, die Zellerneuerung sowie die Wundheilung.

KALORIENWERTE

1 Gramm Olivenöl enthält 9.3 Kalorien
1 EL Olivenöl enthält 14 Gramm Fette, d. h. 120 Kalorien.
Um unserer Gesundheit gerecht zu werden, sollte das Olivenöl die Butter und alle anderen Fette auf unserem Speisezettel ersetzen. Auch zum Backen ist es gesünder als Butter, da es höhere Temperaturen erträgt.

VERDAUUNG DES OLIVENÖLS

Das Olivenöl wird vom menschlichen Körper sehr gut vertragen. Er nimmt die im natürlichen Olivenöl enthaltenen Vitamine auf. Studien haben gezeigt, dass nur die Muttermilch besser aufgenommen wird vom menschlichen Körper! Es ist beeindruckend, dass die Fettzusammensetzung der Muttermilch und des Olivenöls einander sehr ähnlich sind.

WARUM AUSSCHLIESSLICH OLIVENÖL?

Zuerst soll hier vorweggenommen sein, dass das Olivenöl das gesündeste aller Öle ist. Es ist das einzige Öl, das auf natürliche Weise gewonnen wird und auch seine natürllichen Eigenschaften beibehält. Das Pflanzenöl hingegen wird auf chemische Art gewonnen, kann also mit dem natürlichen Olivenöl nie verglichen werden! Verschiedene "Mythen" die man ab und zu über das "leichtere" oder "bessere" Pflanzenöl hört, sind inzwischen von den Experten vollständig widerlegt worden. Das Olivenöl ist nicht "schwerer" als die anderen Öle, ist doch bewiesen, dass alle Fettstoffe fast dieselbe Kalorienzahl haben! Zusätzlich ist das Olivenöl reich an Antioxidantien (Stoffe mit krebshemmender Wirkung) und, wie wir so vielen Ärzteberichten entnehmen können, bietet es Schutz für unsere Gesundheit.

WELCHEM OLIVENÖL SOLLTEN WIR DEN VORZUG GEBEN?

Das Extra Virgin Olivenöl ist zweifelsohne das beste von allen. Es ist der natürliche Saft der Olive. Es kann als Kochfett benutzt werden und dabei die tierischen Fette ersetzen. Es kann auch in rohem Zustand genossen werden, im Salat oder schon beim Frühstück als Ersatz für die ungesunde Butter. Für einen Griechen gibt es nichts Besseres zum Frühstück oder als Snack als ein Stück Paximadi, (griechischer Zwieback) auf das Olivenöl geträufelt wurde. Für die Kreter, deren Gesundheitszustand in den vergangenen vierzig Jahren von der Weltgesundheitsorganisation als der beste angesehen wird, ist das Beträufeln ihres Brotes mit Olivenöl etwas Alltägliches. Dort schwimmen die Salate regelrecht im Öl, und wenn das Gemüse aufgegessen ist, stupfen die Kreter ihr Brot im Öl, damit ja kein Tropfen des wertvollen Saftes verlorengeht! Das Extra Virgin Olivenöl mag wohl etwas teurer sein als die anderen Olivenölsorten oder das raffinierte Öl. Die Qualität des Extra Virgin Olivenöles aber wiegt den Preisunterschied wieder auf. Letzterer ist auch nicht so gross, dass er den Kauf des besten aller Öle verpönen könnte.

ALLGEMEINES

Wir sollten uns bewusst sein, dass das Extra Virgin Olivenöl im Verhältnis zu seiner Qualität eigentlich nicht teuer ist! Schulden wir unserer Gesundheit nicht das beste?

DAS GRÜNE OLIVENÖL

Das grüne Olivenöl kommt mit grösster Wahrscheinlichkeit von grünen Oliven, die vor ihrer vollständigen Ausreifung gepflückt wurden. In einzelnen Fällen kann auch, wie schon oben angeführt, die Farbe auf anderen Tatsachen beruhen. Der Geschmack des grünen Öles ist normalerweise etwas schärfer. Es eignet sich zum Kochen von Hülsenfrüchten, Gemüsen und Fleisch etc.

DAS GOLDGELBE ÖL

Dieses Öl stammt von Oliven, die bereits angefangen haben die Farbe von grün auf leicht rot oder schwarz zu wechseln. Dieses Öl hat im allgemeinen einen angenehmen, man könnte sagen "fruchtigen" Geschmack und verschiedene Aromen. Diese können uns an Früchte oder sogar an Vanille erinnern. In der Gastronomie wird dieses Öl zum Braten von Fischen vorgezogen. Aber wie gesagt, es ist Geschmackssache! Das Extra Virgin Olivenöl kann für viele Rezepte verwendet werden, sogar zur Herstellung von Gebäck. In der herkömmlichen griechischen Küche wird nur ein Öl verwendet: jenes Öl, das die Griechen selber produzieren, und das ist meistens das Extra Virgin Olivenöl.

WIE KÖNNEN WIR DAS EXTRA VIRGIN OLIVENÖL ERKENNEN?

Der bewusste Kunde schaut vor dem Kauf immer auf die Etikette. Dort sind alle Informationen aufgeführt, die ihm helfen, das beste Produkt zu kaufen. Wie schon erwähnt, kann seine Farbe von grün bis goldgelb variieren. Die Farbe ist kein Hinweis für die Qualität. Folgen Sie am besten den unten angeführten Hinweisen:

EXTRA VIRGIN OLIVENÖL

weiter achten wir auf folgende Informationen:

1. Produktions- und Verfalldatum. D. h. die Zeitspanne, in der die Qualität des Produktes garantiert ist. Das Olivenöl kann bis zu eineinhalb Jahren in dafür geeigneten Gefässen aufbewahrt werden, manchmal sogar etwas länger.

2. Der Säuregrad. Heute muss der Säuregrad auf allen im Handel erhältlichen Flaschen etc. angegeben sein. Das ist natürlich sehr von Vorteil für den Kunden, der somit alle Eigenschaften des Öles kennt. Alle Öle mit einem Säuregrad unter 5 werden als ausgezeichnet angesehen.

3. Herkunft. Es gibt Gegenden, deren Öl einen aussergewöhnlich guten Ruf geniesst. Wir sollten uns die Mühe geben, sie kennenzulernen!

4. Menge. Es ist wichtig herauszufinden, welche Menge in einem Gefäss ist, damit wir den Preis pro Liter ausrechnen können.

5. Gilt besonders für das biologische Öl: Versichern Sie sich, dass alle für dieses Öl vorgeschriebenen Regeln eingehalten wurden. Schauen sie auch auf die Garantie!

6. Natürlich genügt ein schöner Name nicht. Sie sollten nur Produkte von bekannten Firmen kaufen. Bei ihnen können Sie sicher sein, dass sie ihr bestmöglichstes getan haben, damit ihr Produkt qualitativ hochständig auf den Markt gelangt.

Das Virgin Olivenöl behält fast immer sein aussergewöhnlich gutes Aroma und seinen einzigartigen Geschmack. Es ist nie neutral. Das neutral mundende Öl mit einer hellen Farbe ist meist raffiniertes Öl.

OLIVENÖL, DAS GEHEIMNIS DER GUTEN GESUNDHEIT

Es ist inzwischen weltweit bekannt, dass das Olivenöl den Menschen einen unerlässlichen Gesundheitsschutz bietet, ob wir nun Kreislaufstörungen haben, unter Diabetes leiden oder andere Gesundheitsprobleme haben. Es ist interessant die verschiedenen Studien zu verfolgen, durch die uns immer deutlicher gemacht wird, wie wertvoll und ideal das Olivenöl für den menschlichen Körper ist.

DAS SCHLECHTE CHOLESTERIN: der Genuss von Olivenöl anstelle von anderen Fetten oder Ölen senkt den LDL Cholesterinspiegel im Blut, ohne den HDL, also den "guten" Cholesterinspiegel zu senken!

TRIGLYCERIN: Es ist erwiesen, dass das Olivenöl den Triglycerin spiegel im Blut senkt. Zu hohe "schlechte" Cholesterin- und Triglycerin werte im Blut können zu verstopften Arterien führen, was eine geringere Sauerstoffzufuhr zum Herzmuskel und zum Hirn zur Folge hat. Es ist allgemein bekannt, dass das Olivenöl den Körper vor Kreislaufstörungen schützt.

HOHER BLUTDRUCK: Das Olivenöl wirkt blutdrucksenkend, hilft also bei der Vorbeugung von Hirnschlag und anderen Kreislaufstörungen.

KREBS: Neueste Studien haben gezeigt, dass der Genuss von Olivenöl bei der Vorbeugung hauptsächlich des Brustkrebses eine bedeutende Rolle spielt oder wenigstens dessen Entwicklung verlangsamen kann. Eine ausgeglichene Ernährung mit Olivenöl und Gemüse kann die Möglichkeit des Brustkrebses (und vielleicht auch anderer Krebse) bis zu 75% senken.

VERDAUUNGSTRAKT: Neueste Studien haben gezeigt, dass das Olivenöl, zusammen mit einer ausgeglichenen Ernährungsweise (Gemüse, wenig Fleisch etc.)

- vor Magenkrebs schützt
- eine gute Leberfunktion garantiert
- die Leber beim Abbau von giftigen Stoffen unterstützt.

OSTEOPOROSE: Das Olivenöl spielt auch bei den Knochen eine wichtige Rolle und schützt sie vor Osteoporose.

RHEUMATISCHE ARTHRITIS: Das Olivenöl, zusammen mit einer ausgeglichenen Ernährungsweise die viel Fisch enthält, kann das Auftreten von rheumatischer Arthritis bis zu 75% senken.

DIABETES: Sogar bei der Therapie für Diabetes spielt das Olivenöl eine positive Rolle.

DAS OLIVENÖL IN DER KÜCHE. KRÄUTERÖL

Im Altertum bediente man sich sehr einfacher Methoden, um Kräuteröle herzustellen. Entweder wurden die Kräuter, deren Aroma man begehrte, im Öl eingelegt oder es wurden verschiedene Wärmemethoden angewendet. Die Art und Weise, wie man Kräuteröle herstellen kann, ist schon seit Aristoteles (384-322 v. Chr.) bekannt.
Der Philosoph Theophrastos (ca. 372-288 v. Chr.) hinterliess viele Informationen über die Herstellungstechnik von Kräuterölen und Essenzen. In seinen Büchern erwähnt er etliche Kräuteröle wie z. B. Granatapfelöl. Dem Apfelöl wurden Äpfel beigegeben, die ausgewechselt wurden bevor sie faulen konnten. Es ist bekannt, dass im alten Griechenland jeweils am Ende der Symposien Essenzen unter die Anwesenden verteilt wurden, wobei die Römer ätherische Öle für Massagen benutzten. Kräuteröle sind heute in allen Küchen weit verbreitet.

Das Dillöl im Byzanz

Im Byzanz war die Herstellung von Kräuterölen bekannt. Kräuter wurden aber hauptsächlich zur Geschmack verbesserung in minderwertige Öle eingelegt.

Mit Lorbeer gewürztes Olivenöl

Dieses Öl war in der römischen Periode sehr bekannt. Palladios (4. Jahrhundert n. Chr.) berichtet, dass dieses Öl aus Griechenland stammte. Das Rezept wurde von Apikios auf Papier festgehalten, ist uns aber auch aus dem Buch "Geoponika" bekannt, das zu Porphirogennis' Zeit geschrieben wurde.

Kräuteröle in neuerer Zeit

Altherkömmliche Gewohnheiten gehen nicht leicht verloren. Leider aber haben wir keine Angaben, um die genaue Entwicklung des Kräuteröles im Laufe der Jahrhunderte zu verfolgen. Auch wissen wir nicht, ob die Herstellung des Kräuteröles in einzelnen Gebieten nach Jahren nicht mehr gepflegt wurde. Alle Hinweise aber deuten darauf hin, dass das Kräuteröl in einigen Gegenden Kretas weiter produziert wurde.
In Kastelli Pediados (Kreta) und in der weiteren Umgebung wurde bis Anfang dieses Jahrhunderts ein Zweiglein Thymian in das für die Küche bestimmte Olivenöl gelegt.

WIE WIRD DAS KRÄUTERÖL HERGESTELLT?

Zur Herstellung von Kräuterölen brauchen wir Kräuter in frischem oder getrocknetem Zustand, Gewürz, Knoblauch, Pfeffer und Schalen von Zitrusfrüchten. Diese Zutaten können entweder einzeln oder kombiniert eingelegt werden.

Das für die Herstellung von Kräuteröl bestimmte Olivenöl muss von guter Qualität sein und einen niedrigen Säuregehalt aufweisen. Damit die Kräuter oder anderen Zutaten voll zur Geltung kommen, sollte das Öl weder einen auffälligen Geschmack noch ein auffälliges Aroma haben. Einige Leute verwenden zu diesem Zweck sogar raffiniertes Öl oder Olivenöl pure, weil diese Öle einen neutralen Geschmack haben. Wir sind aber der Überzeugung, dass Ihnen mit diesen Ölen die speziellen Qualitäten vorenthalten bleiben, die das Extra Virgin Olivenöl auszeichnet. Beim Gebrauch von Extra Virgin Olivenöl ist ein gutes Resultat garantiert und Sie können sicher sein, dass Sie ein natürliches und gesundes Produkt haben, das Ihrem Körper die erforderlichen Vitamine etc. zuführt.

Die Gefässe, in denen die Kräuteröle aufbewahrt werden, müssen sauber und trocken sein. Trocken müssen auch die zu verwendenden Kräuter sein. Die Gefässe, in denen das Olivenöl aufbewahrt wird, dürfen unter keinen Umständen an der Sonne gelagert werden, sondern müssen an einem dunklen, trockenen Ort aufbewahrt werden.

Das Kräuteröl eignet sich ausgezeichnet zum Beträufeln von Brot oder Paximadi. (griechischem Zwieback) Es ist der beste Buttersatz, da es kein Cholesterin enthält. Schmeckt auch vorzüglich zu Salaten, gekochtem Gemüse, gebackenem Fisch oder Fleisch, Reis, Kartoffeln, Teigwaren, aber auch als Grundlage zu verschiedenen Saucen. Sie können auch Brotscheiben mit dem Kräuteröl (am besten mit Lorbeer, Knoblauch oder Chilischoten) beträufeln und im Ofen oder unter dem Grill rösten.

Es gibt eine grosse Auswahl an Kräuterölen. Sie können aber ruhig auch Ihre eigene Phantasie walten lassen, indem Sie Kräuter aus ihrem Garten sammeln und sie nach Bedarf kombinieren. Es ist auch eine gute Idee, einige Flaschen mit verschiedenen Kräuterölen auf Lager zu haben, damit Sie Ihren Gerichten eine persönliche Note verleihen können.

Wenn wir Olivenöl schnell würzen wollen und das Öl zudem ein starkes Aroma haben soll, können wir die Kräuter oder Gewürze mit einem Teil des Öles erhitzen, das noch warme Öl durch ein Sieb giessen und dem anderen beimischen.

Kräuteröl

Das Olivenöl kann mit verschiedenen Kräutern und Gewürzen angereichert werden: Rosmarin, Fenchel, Dill, Pfefferminze, Basilikum, Estragon, Petersilie etc. In einer Flasche Öl können wir einen Zweig der oben genannte Kräuter oder aber auch ein paar zusammen einlegen.

Wenn wir nur eine Kräutersorte verwenden ist es von Vorteil, auf zwei Tassen Öl zwei bis drei Zweiglein beizugeben, (die wir vorher gut gewaschen und getrocknet haben). Das Gefäss wird an einem dunklen und kühlen Ort aufbewahrt und ist nach ca. zehn Tagen zum Gebrauch fertig. Die Kräuter sind natürlich für längere Zeit haltbar, insofern die Flasche nicht geöffnet wird. Aber nach dem Öffnen der Flasche (besonders nachdem die Kräuter mit Luft in Kontakt gekommen sind) raten wir Ihnen, die Kräuter zu entfernen, denn sie und somit auch das Öl sind nun den Fäulnisbakterien ausgesetzt.
Am meisten Erfolg hat das mit Pfefferminze, Dill, Fenchelkraut oder Petersilie gewürzte Olivenöl.

Olivenöl mit Basilikum

Wir geben 3-4 gut gewaschene und getrocknete Zweiglein Basilikum in eine Flasche. Dazu geben wir zwei ganze Knoblauchzehen. (nach Bedarf) Wir übergiessen alles mit zwei Tassen Extra Virgin Olivenöl und verschliessen die Flasche. Nach zehn Tagen können Sie dieses mundende Öl geniessen.
Dieses Kräuteröl passt ausgezeichnet zu rohem Gemüse aber ganz speziell zu Tomaten (stellen Sie sich mit Feta oder Mozzarella belegte Tomatenscheiben vor, die mit Basilikumöl beträufelt wurden!) oder Tomatensaucen und natürlich zu frischem Bauernbrot.

Olivenöl mit Fenchelkraut

In eine Flasche geben wir 2 ganze Zehen Knoblauch (nach Bedarf) 2-3 Nelken und 3-4 Zweiglein Fenchelkraut, gut gewaschen und getrocknet. Je nach Jahreszeit können auch Fenchelsamen verwendet werden (1 Kaffeelöffel genügt).
Die Flasche mit einem Liter Öl füllen. Vor Gebrauch zwei Wochen lagern.

Olivenöl mit Oregano

Der frische Oregano ist dem trockenen vorzuziehen. In eine Flasch mit 2 Tassen Öl geben wir 2-3 Zweiglein frischen Oregano oder 2 Kaffeelöffel trockenen und verschliessen die Flasche. Sie wird an einem trockenen und dunklen Ort aufbewahrt. Das Öl kann nach zehn Tagen gebraucht werden. Es schmeckt ausgezeichnet zu Salaten, Fisch, Fleisch etc. Es schmeckt ähnlich wie das Basilikumöl und schmeckt auch gut wenn kombiniert mit Zitronenöl.

Kräuteröl

In eine grosse Flasche 4 Tassen Olivenöl geben. Verschiedene Kräuter hinzufügen wie z. B. 2-3 Zweiglein Oregano, 1 Kaffeelöffel Thymian, 1 Kaffeelöffel trockene Pfefferminze und 1 Kaffeelöffel trockenen Basilikum. Das Resultat wird Sie schon nach wenigen Tagen erfreuen und macht jede Mahlzeit zu einem Genuss. Die Kräuter können im Öl belassen oder auch entfernt werden, indem wir das Öl filtrieren.
Vergessen Sie nicht, dass diese Kräuteröle anstelle der ungesunden Butter auch vor der Mahlzeit zu Brot gereicht werden können. Oben beschriebenes Rezept eignet sich ganz besonders dazu.

Olivenöl mit Knoblauch

Im Mixer pürieren wir 4 Knoblauchzehen zusammen mit 4 Löffeln Olivenöl. Das Öl wird gefiltert (Gaze, Kaffefilter) und mit 2 Tassen Olivenöl vermischt.
An einem dunklen, kühlen Ort aufbewahren.
Dieses Öl passt ausgezeichnet zu geröstetem Brot aber auch zu Teigwaren, Suppen, Saucen, Fisch und Fleisch, Salaten und rohem Gemüse.

Olivenöl mit Knoblauch und Rosmarin

In eine Flasche mit 2 Tassen Olivenöl geben wir 2 ganze Knoblauchzehen, ein Zweiglein Rosmarin und 5-6 Pfefferkörner. Wird an einem kühlen und dunklen Ort aufbewahrt. Nach zehn Tagen, oder wenn wir das Öl benutzen, die Zutaten am besten entfernen.

Olivenöl mit Zitrusfrüchten

In eine Flasche mit 2 Tassen Olivenöl geben wir die Schale einer halben Zitrone oder einer halben Orange. Das Öl ist nach zehn Tagen genügend gewürzt. Wenn wir die Schalen erst nach 2 Monaten entfernen, ist das Öl für längere Zeit haltbar, vorausgesetzt es wird kühl und dunkel gelagert. Dieses Öl schmeckt ausgezeichnet zu Salaten, gekochtem Gemüse, Fisch und Fleisch. Es eignet sich auch ausgezeichnet zum Backen.

Dieses Öl kann auch gut kombiniert werden mit Kräutern. (z. B. Zitronenöl mit Fenchelkraut) Ausgezeichnet schmeckt auch das Oreganoöl, angereichert mit Zitronenschalen, oder Thymianöl mit Zitronenschalen.

Olivenöl mit Zitrone

3 kleine Zitronen werden gut gewaschen und getrocknet. In jede dieser Zitrone stecken wir je 3 Nelken. Die mit Nelken bespickten Zitronen werden in ein Glas gelegt und mit 1 Liter Olivenöl übergossen. Das Glas wird verschlossen und an einem dunklen und kühlen Ort gelagert.

Olivenöl mit Chilischote

Wir geben 2-3 Chilischoten, gerieben oder 5-6 frische, leicht zerdrückt, in 2 Tassen Olivenöl. Dieses Öl eignet sich für viele Gerichte. Diesem Öl können auch verschiedene Kräuter hinzugefügt werden, oder es kann schärfer oder weniger scharf gemacht werden, indem wir die Zahl der Chilischoten vermehren oder verringern.
Das Öl kann nach zwei Wochen genossen werden und muss an einem kühlen und dunklen Ort aufbewahrt werden. Schmeckt zu Gemüse, Fleisch, (besonders vom Grill)

Omeletten und würzt Salatsaucen, Teigwaren und Hülsenfrüchte.

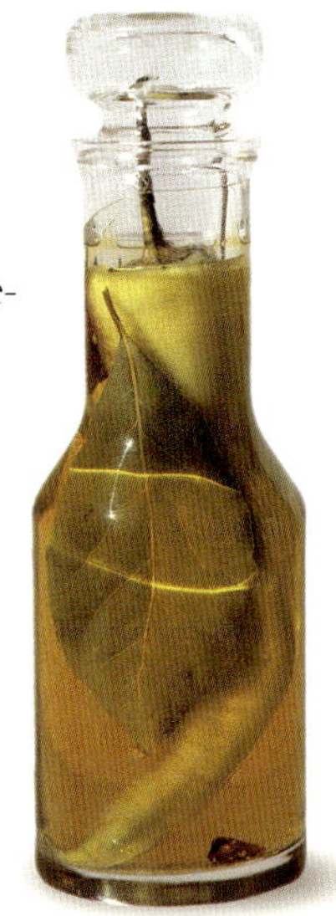

Olivenöl mit Chilischote und Lorbeerblättern

Dem oben angeführten Öl fügen wir 3-4 gewaschene und gut getrocknete Lorbeerblätter hinzu.

Olivenöl mit Gewürzen

Für ein pikantes Öl geben wir auf 2 Tassen Olivenöl 5-6 Pfefferkörner, 1 Esslöffel Kümmel und 1 Stück Zimt.

Olivenöl mit Nelken und Zimt

Auf 2 Tassen Olivenöl geben wir 2-3 Zimtstengel und 5-6 Nelken. Dieses Öl kann bereits nach einigen Tagen verwendet werden und schmeckt besonders gut als Buttersatz im Gebäck.

Essig-Öl

Diese Sauce kann auf dieselbe Art zubereitet werden wie die oben angeführten Kräuteröle. Das Verhältnis von Öl und Essig hängt von ihrem Geschmack ab. In Griechenland steht das Verhältnis meist 4:1. (Öl, Essig)

DAS OLIVENÖL ALS KONSERVIERUNGSMITTEL

In der herkömmlichen griechischen Küche werden viele im Sommer produzierten Produkte konsierviert, und somit wird die Wintermahlzeit um einiges bereichert. Konservierungsmethoden wie sie jede Hausfrau kennt haben v. a. in den letzten Jahrzehnten geholfen, die täglichen Auslagen für Nahrungsmittel zu verringern. Mit Hilfe von verschiedenen Konservierungsmethoden konnten die Hausfrauen verhindern, schnellverderbende Früchte oder Gemüse wegzuwerfen. Es ist eindrücklich zu sehen wie die Nahrungsmittel der griechischen Küche, auf altherkömmliche Weise konserviert, auch nach Monaten noch ihren vollen Geschmack beibehalten. Frisches Gemüse sowie auch Früchte wurden für einige Tage an der Sonne getrocknet und waren in den kalten Wintermonaten eine gesunde und willkommene Kalorienquelle. *"...Die Konservierungsmethode ist einfach..."* stellte das Rockefellerinstitut fest, als es 1948 eine Studie auf Kreta durchführte. *"...Alles wird entweder an der prallen Sonne oder im Ofen getrocknet..."*

Auch das Olivenöl spielt bei der Konservierung eine erhebliche Rolle. Die Nahrungsmittel, die in Glas- oder Tongefässen in Öl eingelegt werden, büssen nichts von ihrem Geschmack ein. Zusammen mit Salz und Essig ist das Öl schon seit dem Altertum als Konservierungsmittel bekannt. Es ist ein natürliches Mittel und verhindert den Kontakt mit der Luft. Aus diesem Grund werden die Nahrungsmittel meist ganz in Öl eingelegt oder es wird einfach eine deckende Schicht Öl ins Einmachglas gegeben. Obwohl wir heute fast zu jeder Jahreszeit alle möglichen Gemüse kaufen können, sind die in Essig und Öl eingelegten Gemüse auf unseren Tischen stets gern gesehen. Konservierte Nahrungsmittel sind nicht nur am bekömmlichsten wenn sie zur rechten Jahreszeit geerntet werden, sonder sie sind zugleich am vitaminhaltigsten und auch am billigsten.

Es ist unglaublich, wie viele Nahrungsmittel in Öl eingelegt konserviert werden können: Fleisch, Fisch, Gemüse, ja sogar Käse. Was sehr wichtig ist bei dieser Art von Konservierung: die Nahrungsmittel müssen sehr sauber sein und gut getrocknet werden, da die Bakterien Feuchtigkeit lieben. Auch die Gefässe und Deckel müssen sehr sauber und natürlich trocken sein. Am besten werden sie für einige Minuten gekocht, dann lässt man sie auf einem sauberen Tuch oder im leicht vorgeheizten Ofen trocknen. Die Gefässe werden erst gefüllt, wenn sie vollständig trocken sind.

Alle zu konservierenden Gemüse müssen frisch und noch fest sein. Das Gemüse wird am besten für einige Minuten in Essig gekocht und anschliessend mit Öl eingedeckt. Der Essig sollte nicht zu dunkel sein, damit das Gemüse sich nicht verfärbt. Vergessen Sie auch nicht, Salz nach Belieben ins Gefäss zu geben. Das verhindert das Zerfallen des Gemüses. Bitte achten Sie darauf, dass das Gefäss nicht bis ganz oben gefüllt wird sondern immer noch ein Finger Freiraum belassen wird. Am besten schreiben Sie auf einer Etikette, wann die verschiedenen Nahrungsmittel abgefüllt wurden, damit Sie sie der Reihe nach brauchen.

Wenn die Gläser im Kühlschrank aufbewahrt werden, wird das Olivenöl trübe und fester. Bei Zimmertemperatur aber erhält es schnell wieder seine ursprüngliche Konsistenz und Farbe.

Eingelegte Zwiebeln (Volvoi)

Zwiebeln der Pflanze Muscari comosum, wachsen wild in den Mittelmeerländern. Kann in vielen europäischen Läden gekauft werden, wobei diese Zwiebel in Amerika schwierig zu finden ist. Sie ist sehr beliebt als Vorspeise und gilt in der Volksmedizin als kräftigendes, stimulierendes und harntreibendes Mittel. Heute wird diese Zwiebel in vielen Mittelmeerländern auch kultiviert.

- 1 Kilo Zwiebeln
- 1-2 KL Salz
- 3 Knoblauchzehen, in dünne Scheiben geschnitten oder
- 2-3 frische Knoblauchblätter, grob geschnitten
- 1 Bund Dill
- 5-6 Pfefferkörner
- 2 Tassen weisser Essig
- 1 Tasse Olivenöl

Die Zwiebeln werden wie die gewöhnlichen geschält und gewaschen. Für ca. eine halbe Stunde kochen, wobei das Wasser 2-3 Mal gewechselt wird.

Zum letzten Wasser geben wir auch das Salz. Wasser wegschütten und die Zwiebeln auf einem Tuch gut trocknen lassen.
Essig, Knoblauch, Pfefferkörner und grob geschnittenen Dill leicht köcheln lassen. Erkalten lassen. Essig filtern. Zwiebeln in Glas geben, Essig einfüllen und mit Öl auffüllen. Im Kühlschrank können sie für längere Zeit gelagert werden, schmecken aber bereits nach 1-2 Tagen ausgezeichnet. Am besten mit feingeschnittenem Dill servieren.

Paprikaschoten in Olivenöl

Für diese Konservierungsmethode eignen sich alle Paprikaschoten, am besten aber schmecken die roten.

- 1 Kilo Paprikaschoten
- 1 EL Pfefferkörner, schwarz
- 1 KL Salz
- 1 Tasse Öl
- 2-3 Lorbeerblätter
- 2-3 Knoblauchzehen

Paprikaschoten waschen, Kerne entfernen, während ca. 15 Min. unter Grill grillieren bis sich

die Haut leicht löst. Erkalten lassen, Haut abziehen.
In einem Pfännchen Pfefferkörner, Essig, Knoblauchzehen, Salz und Lorbeerblätter 5 Min. leicht köcheln lassen. Filtern und abkühlen lassen.
Paprikaschoten in Glas geben, Essig einfüllen und mit Öl auffüllen bis Paprikaschoten zugedeckt sind. Glas gut verschliessen und im Kühlschrank für mindestens 20 Tage lagern.

Auberginen in Olivenöl

1 Kilo Auberginen (lange)
2 Tassen Essig
3 KL Salz
2 Chilischoten, durchgepresst oder
1 EL Pfefferkörner, zerdrückt
1 Bund Sellerie, grob geschnitten
3-4 Knoblauchzehen, fein geschnitten
2-3 EL Oregano
2-3 Tassen Olivenöl

Auberginen waschen und in dünne Scheiben schneiden. Fünf Minuten in 2 Tassen Essig, 6 Tassen Wasser und 3 TL Salz kochen. Sofort Wasser abschütten und Auberginen abkühlen lassen.
In ein Glas eine Schicht Auberginen geben, mit Sellerie, Knoblauch, Oregano und Pfeffer würzen und mit etwas Öl beträufeln. So weiterarbeiten bis das Glas voll ist. Zum Schluss mit Öl auffüllen damit das Gemüse gut gedeckt ist. Glas gut verschliessen. Kann während 2-3 Monaten an einem kühlen, dunklen Ort gelagert werden. Auberginen schmecken aber bereits nach 3-4 Tagen ausgezeichnet.
Für dieses Rezept eignen sich auch kleine, ganze Auberginen.

Zitronen in Olivenöl

4-5 Zitronen mit dicker Schale
1 EL Salz
1 EL Oregano
2 Tassen Olivenöl

Zitronen in ein Becken mit Wasser geben, zwei Tage darin belassen. Gut trocknen, in Scheiben schneiden, mit Salz bestreuen, in Glas geben, jede Schicht mit etwas Oregano bestreuen. Zitronen mit Olivenöl eindecken, gut verschliessen. An einem dunklen, kühlen Ort aufbewahren. Schmeckt ausgezeichnet zu grilliertem Fleisch oder Fisch.

Rote Beete in Essig und Olivenöl

1 kg rote Beete
4-5 Knoblauchzehen
2 Tassen Essig
1/2 Tasse Olivenöl
3 KL Salz

Rote Beete gut waschen, in Salzwasser kochen bis sie weich sind. Trocknen, schälen und in Scheiben schneiden. Erst wenn sie ganz trocken sind zusammen mit Knoblauchscheiben in ein Glas geben, Essig darübergiessen und mit Öl auffüllen. Mindestens 3 Tage warten bis zum Gebrauch. An einem kühlen, dunklen Ort aufbewahren.

Tintenfisch in Essig und Öl

1 kg Tintenfisch
2-3 Lorbeerblätter
5-6 schwarze Pfefferkörner
1/2 Tasse Essig
1/2 Tasse Oivenöl

Tintenfisch waschen, ganz in Pfanne legen, zusammen mit Lorbeerblättern und Pfefferkörnern auf kleinstem Feuer im eigenen Saft weichkochen. Falls nötig etwas Essig beifügen.
Abkühlen lassen, in kleine Stücke schneiden und in ein Glas geben. Essig zufügen und mit Olivenöl auffüllen. Am besten eignet sich dazu mit Knoblauch gewürztes Olivenöl. Glas schliessen und an einem kühlen Ort lagern.

Sardinen in Essig und Olivenöl

Köpfe und Innereien entfernen, Fische waschen, in eine Schüssel mit Essig und Salz geben. Wenn der Essig sehr scharf ist, mit etwas Wasser verdünnen. Während ca. 24-30 Std. in der Flüssigkeit belassen. (Kommt auf Grösse an) Aus der Flüssigkeit nehmen, Schwanz etwas ziehen. Wenn sich die Wirbelsäule löst und das Fleisch eher weiss als rot ist, ist der Fisch fertig. Die Fische können filiert oder ganz belassen werden.
Fische in ein Glas geben und mit Öl überdecken. Kann längere Zeit im Kühlschrank aufbewahrt werden.

SAUCEN UND DIPS MIT OLIVENÖL

Das Olivenöl, zusammen mit Zitrone, Essig oder Ei, spielt eine grosse Rolle in Saucen und Dips. Dips schmecken ausgezeichnet als Vorspeise zu rohem Gemüse, Käse, Brot oder Paximadi (griechischer Zwieback) und können auch zur Hauptmahlzeit gereicht werden. Sie sind nicht nur als Geschmacksverbesserer anzusehen, sondern, wenn auf Olivenöl basiert, als gesunde Abwechslung im Speisezettel. Wenn die Dips auch modern erscheinen mögen, sind sie doch in Griechenland schon seit Generationen bekannt und beliebt. Tzatziki, Taramosalata, (Fischeierpaste) Auberginensalat u.v.a. begleiten die griechischen Mahlzeiten schon seit Jahrhunderten. Dips wurden von erfinderischen Hausfrauen eingeführt, die für die lange und strenge Fastenzeit einige währschafte und aufmunternde Häppchen herbeizaubern wollten. Z. B. bereicherte eine Taramosalata den Fastentisch um vieles und hatte erst noch die Eigenschaft, dass sie sich während Tagen hielt. Dasselbe gilt auch für Tomatensaucen. Kichererbsenbrei (Humus) treffen wir v. a. auf griechischen Inseln und in arabischen Ländern an.

Das Fleisch wurde oft von Tzatziki oder in Essig eingelegten Käsen begleitet. Pürierte Hülsenfrüchte wurden mal als Hauptmahlzeit, mal als Vorspeise serviert. Der begehrteste Begleiter dazu war natürlich das Olivenöl! Es allein konnte einer einfachen und alltäglichen Speise einen speziellen Reiz geben und sie so noch schmackhafter machen, v. a. in den Gegenden, in denen es viel und gutes Olivenöl gab. Zu den herkömmlichen Rezepten können wir noch andere hinzufügen, die dem heutigen Geschmack angepasst wurden.

Zitronen-Ölsauce

1 Tasse Olivenöl
1/2 Tasse Zitronensaft
1 TL Salz
Pfeffer, Oregano
Thymian oder Petersilie (nach Bedarf)

Alle Zutaten gut mischen. Sauce sollte sofort gebraucht werden. Eignet sich für Salate, Gemüse, gegrilltes Fleisch und Fisch.

Essig-Ölsauce

Wird auf gleiche Weise gemacht wie Zitronen-Öl Sauce, wobei der Zitronensaft durch einen guten Weinessig ersetzt wird. Passt gut zu gebratenem Fisch und Fleisch und zu verschiedenen Salaten und Gemüse.

Eier-Zitronensauce
Würzt und bindet Saucen und Suppen

2 Eier
Saft von 2 Zitronen
2 Tassen Brühe von dem Gericht, für das die Sauce gedacht ist.

Zuerst Eigelb gut verquirlen, dann Eiweiss dazugeben. Mindestens 2-3 Min. verrühren. Unter ständigem Rühren Zitronensaft hinzufügen.
Unter ständigem Rühren einige Löffel Bouillon dazugeben, bis die Eier-Zitronensauce heiss ist. Langsam in die heisse Brühe geben, (nicht zum Kochen bringen!) gut rühren, vom Feuer ziehen.

Yoghurtsauce mit Petersilie

300 gr. griechischer Yoghurt (oder Quark)
2 EL getrocknete Petersilie
1 kleine Zwiebel, gerieben
Salz, Pfeffer
2 EL Olivenöl
1 EL Zitronensaft

Zuerst Yoghurt und Zwiebel gut verrühren, Petersilie, Salz und Pfeffer zufügen. Zum Schluss Olivenöl und Zitronensaft beigeben und gut mischen. Im Kühlschrank aufbewahren.

Sauce mit Petersilie

1 grosser Bund Petersilie (nur Blätter)
1 Scheibe altes Brot, 2 cm dick
1 kleine Zwiebel
1 Knoblauchzehe
Saft 1 Zitrone
2 EL Olivenöl
300 gr griechischer Yoghurt (Quark)
1/2 KL Salz, Pfeffer

Brot mit Wasser annässen, ausdrücken, zusammen mit Petersilie, Zwiebel, Knoblauchzehe, Salz und Pfeffer in Mixer geben. Pürieren.
Yoghurt, Olivenöl und Zitronensaft zufügen, gut mischen.
Diese Sauce eignet sich gut für frisches Gemüse, gekochte Eier, Fisch oder alleine in einer Schüssel als Salat. Mit Petersilienblättern und Oliven garnieren.

Yoghurtsauce mit Pfefferminze

300 gr griechischer Yoghurt (Quark)
1 EL trockene Pfefferminze, zerrieben
Salz, Pfeffer
2 EL Olivenöl
1 EL Zitronensaft

In einem tiefen Becken Yoghurt, Pfefferminze, Salz und Pfeffer gut verrühren. Unter Rühren Olivenöl und Zitronensaft zufügen und alles gut mischen. Im Kühlschrank aufbewahren. Passt gut zu Gemüse und grünen Salaten.

Yoghurtsauce mit Dill

300 gr griechischer Yoghurt (Quark)
1 EL getrockneter Dill, zerrieben
1 Knoblauchzehe, durchgedrückt
2 EL Olivenöl
1 EL Zitronensaft
Salz, Pfeffer

In einer tiefen Schüssel Yoghurt, Knoblauch und Dill mischen, mit Salz und Pfeffer würzen und langsam das Olivenöl und den Zitronensaft untermischen. Kalt stellen. Passt ausgezeichnet zu Gemüsen und grünen Salaten.

Avocadosauce

2 Avocados
1/2 KL Salz
1/2 KL Pfeffer
1 kleine Zwiebel, gerieben
2 EL Petersilie, fein geschnitten
2 EL Zitronensaft
2 EL Olivenöl

Avocados schälen, Kern entfernen, im Mixer pürieren. Übrige Zutaten beifügen, mit Schwingbesen gut rühren bis alles zu einer sähmigen Creme wird. Mit Petersilie garnieren und im Kühlschrank aufbewahren. Kann alleine, als Dip oder als Fleisch- oder Fischbeigabe verwendet werden. Schmeckt auch zu Salaten ausgezeichnet.

Knoblauchsauce mit Baumnüssen oder Mandeln

1 kg Kartoffeln
6-8 Knoblauchzehen, fein geschnitten
1/2 KL Salz
1/2 Tasse Olivenöl
4 EL Zitronensaft oder Essig
150 gr Baumnüsse oder Mandeln, gemahlen

Kartoffeln kochen. Bevor sie ganz kalt sind zusammen mit Knoblauch und Salz in den Mixer geben. Olivenöl und Zitronensaft (Essig) abwechslungsweise hinzufügen. Zum Schluss Nüsse zufügen und alles gut pürieren. Wenn die Sauce zu dick geraten ist kann etwas Fischsud beigefügt werden, da die Sauce normalerweise zu Fisch serviert wird.
Diese Sauce schmeckt auch zu gebratenem Gemüse gut.

Auberginensalat

1/2 kg Auberginen
2 Knoblauchzehen, durchgepresst
oder
1 Zwiebel, fein gerieben
Salz, Pfeffer
2 EL Petersilie, fein geschnitten
1 KL Oregano, gerieben
3 EL Essig
4-5 EL Olivenöl
2 EL Mandeln, geschält und gemahlen

Auberginen waschen, in Alufolie eingewickelt unter Grill oder auf Herdplatte belassen bis sie weich sind. Nachdem sie etwas abgekühlt sind Schale und Kerne entfernen.
Auberginen im Mixer pürieren. Unter ständigem Rühren übrige Zutaten beifügen bis die Sauce gut bindet.
Mit Oliven oder Kapern garnieren.

Mandelsauce mit Yoghurt

1 kg griechischer Yoghurt (Quark)
1/2 KL Salz
1/2 Tasse Dill, fein geschnitten
1/2 Tasse geschälte Mandeln, gemahlen
1/2 Tasse Olivenöl
2 EL Zitronensaft

Yoghurt, Salz, Olivenöl und Zitronensaft mit Gabel oder Schwingbesen gut verrühren. Zum Schluss Dill und Mandeln beifügen, mischen.

Tzatziki

1/2 kg griechischer Yoghurt (Quark)
2 grosse Gurken
3 Knoblauchzehen
1/2 KL Salz
4-5 EL Olivenöl
2 EL Essig
1 EL Pfefferminze oder Dill (nach Bedarf), fein geschnitten

Gurken schälen, reiben und gut abtropfen lassen. Knoblauch durchdrücken, mit Salz vermischen. In einer tiefen Schüssel alle Zutaten gut mischen. Im Kühlschrank aufbewahren.

Taramosalata (Fischeierpaste)

Für die lange Fastenzeit, die die orthodoxe Kirche ihren Gläubigen auferlegt, gibt es einige typische Fastenteller. Darunter befindet sich auch Taramosalata, das hauptsächlich in der Karwoche gegessen wird, in der das Fasten am strengsten ist. Ausser Fastenteller ist Taramosalata auch als Vorspeise sehr beliebt. Es wird aus Tarama hergestellt, d. h. aus konservierten Fischeiern. Auf dem Markt kann der Tarama in Packungen oder offen gekauft werden. Es gibt zwei Arten von Tarama: den rosa Tarama und den hellroten Tarama, der in Griechenland als "weisser" bezeichnet wird. Letzterer ist teurer aber auch besser als der rosa, da er keine Färbemittel enthält.

100 gr Tarama (Fischrogen), am besten vom weissen
200 gr altes Brot
2-3 mittlere Kartoffeln, gekocht
1/2 Tasse Olivenöl
4 EL Zitronensaft (nach Belieben)

Brot mit Wasser anfeuchten, ausdrücken. Tarama, Kartoffeln, Brot und Zwiebel in Mixer geben.
Unter ständigem Rühren abwechselnd Öl und Zitronensaft zufügen bis alles gut bindet. Mit Petersilie und Oliven garnieren.

Tirokafteri (eingelegter Käse)

1/2 kg Feta, zerbröckelt*
2 grüne Chilischoten
6 EL Olivenöl
Saft
2 Zitronen
1 EL Oregano oder Dill, fein geschnitten (nach Bedarf)

Zuerst Chilischoten in Bratpfanne oder im Ofen leicht rösten. Im Mixer pürieren. Unter ständigem Rühren Feta, Oregano, (Dill) Olivenöl und zum Schluss Zitronensaft zufügen, rühren bis alles cremig ist.

**Die griechische Feta ist ein aussergewöhnlicher Käse, der ausschliesslich aus Ziegenmilch hergestellt wird. Diese Tiere leben frei in den griechischen Bergen. (Diejenige Feta, die ausserhalb von Griechenland produziert wird, wird aus Kuhmilch hergestellt.) Der Käse wird in Scheiben geschnitten und in Salzwasser aufbewahrt. Aus dem Griechischen stammt auch das Wort Feta = Scheibe. Die frische Milch wird warm gemacht. Das von Jungtieren entnommene Rennin wird hinzugefügt. Nachdem der Käse fest geworden ist, wird er zum Abtropfen in hölzerne Gefässe gegeben. Anschliessend wird er in Stücke (Scheiben) geschnitten, gesalzen und für den Transport verpackt.*

Kichererbsenbrei (Humus)

Kichererbsenbrei ist in vielen Gegenden Griechenlands als Vorspeise beliebt und stammt aus dem Altertum, in dem pürierte Hülsenfrüchte auf den alltäglichen Speisezettel gehörten.

200 gr Kichererbsen
2 Knoblauchzehen
1/2-1 KL Salz
1/3 KL Pfeffer
1/3 KL Kümmel
3 EL Olivenöl
3 EL Tahini (Sesampaste)
3 EL Wasser
4 EL Zitronensaft, Paprika, Petersilie

Die Kichererbsen über Nacht in Wasser einlegen, am darauffolgenden Tag weich kochen.
Abtropfen und abkühlen lassen.
In einer tiefen Schüssel Tahini in Wasser auflösen. Kichererbsen im Mixer pürieren, Salz, Tahini, Knoblauch, Pfeffer, Olivenöl und Zitronensaft beigeben, so lange rühren bis die Masse cremig wird. Kalt servieren. Mit Paprika bestreuen und mit feingeschnittener Petersilie garnieren.

Yoghurtsauce mit Karotten

1/2 kg Karotten
300 gr griechischer Yoghurt (Quark)
2 Knoblauchzehen, durchgepresst
1 KL Salz
3-4 EL Olivenöl
1 EL Zitronensaft
1/2 Tasse Baumnüsse, grob gehackt (nach Belieben)

Karotten schälen, reiben. Yoghurt mit allen Zutaten mischen, Karotten zufügen. (Je nach Bedarf kann auch Pfefferminze und feingeschnittene Petersilie dazugegeben werden)

Sauce mit Knoblauch und Baumnüssen

1 Tasse leicht geröstete Baumnüsse
2 Knoblauchzehen
1 Zwiebel (bei Bedarf)
2 EL Petersilie oder Basilikum, fein geschnitten
7-8 EL Olivenöl

Alle Zutaten in Mixer geben, pürieren. Schmeckt ausgezeichnet zu Teigwaren.

Yoghurtsauce mit Zucchini

1/2 kg Zucchini
300 gr griechischer Yoghurt (Quark)
2 Knoblauchzehen, durchgepresst
2 EL Dill oder Pfefferminze, fein geschnitten
3-4 EL Olivenöl
1 EL Zitronensaft
Salz, Pfeffer
5-6 schwarze Oliven

Zucchini in Salzwasser kochen, abtropfen lassen oder noch besser in einem Sieb leicht ausdrücken. In Salatschüssel geben, mit einer Gabel zerdrücken. Übrige Zutaten gut untermischen und mit Oliven garnieren.

OLIVEN IN ALTHERKÖMMLICHEN REZEPTEN

Die Eigenschaften der Olive kommen in der Mittelmeerküche voll zur Geltung. Die Olive spielt in den Mittelmeerländern, wo sie kultiviert wird, nicht nur als Vorspeise eine wichtige Rolle, sondern wird auf alle möglichen Weisen kombiniert, was den Speisezettel äusserst reichhaltig erscheinen lässt. Da die Oliven vom griechischen Tisch nicht wegzudenken sind, haben sich v. a. die Bauern viele Rezepte ausgedacht, bei denen sie ihre eigenen Produkte verwenden können und gleichzeitig ihrer Gesundheit Rechnung tragen.

Fleisch mit Oliven

1 kg Fleisch (Rinds- oder Schweinefleisch, Hühnchen, Kaninchen)
1/2 Tasse Olivenöl
2 Zwiebeln, fein geschnitten oder
3-4 Frühlingszwiebeln
3-4 mittlere Tomaten
1/2 Tasse Wein
3 EL Essig
1 Zimtstengel
2 Lorbeerblätter
200 gr grüne Oliven, zerdrückt oder angeschnitten
wenig Salz, Pfeffer

Oliven während 3 Min. in Wasser kochen. Wasser wegschütten. Nochmals wiederholen. Kerne entfernen.
Fleisch waschen, in Stücke schneiden, zusammen mit den Zwiebeln im Olivenöl anbraten. Mit Wein und Essig ablöschen, Tomaten (geschält und in kleine Stücke geschnitten) Zimtstengel, Lorbeerblätter und 1 Tasse Wasser zufügen. Während 1/2 Std. leicht köcheln lassen, Oliven dazugeben. Während 10-15 Min. köcheln lassen, wenn nötig noch etwas Wasser beifügen.
Auch Fisch kann auf dieselbe Art gekocht werden (Seebarsch, Meerbrachsen, Stockfisch).

Tintenfisch mit Oliven

1 Tintenfisch 1,5 kg
1/2 Tasse Olivenöl
1 kleine Zwiebel, fein geschnitten
1/2 Tasse roter Wein
1 Knoblauchzehe, fein geschnitten
1 KL Pfefferkörner
2-3 Lorbeerblätter
150 gr grüne Oliven

Oliven wähend 3 Min kochen, Wasser abschütten, wiederholen. Kerne entfernen.

Augen, Mund und Magen von Tintenfisch entfernen, Tintenfisch waschen.
In Pfanne mit Wasser leicht köcheln bis das Wasser verdampft ist. Öl zufügen, erhitzen, Zwiebeln dünsten und mit Wein ablöschen. Knoblauch, Lorbeerblätter und Pfeffer hinzufügen. 5-6 Min. köcheln lassen, Oliven und etwas Wasser beigeben, noch etwas köcheln lassen bis der Tintenfisch ganz weich ist.

Sepia mit Oliven und Spinat

1 kg Sepia
1 kg Spinat
1/2 Tasse Olivenöl
2 mittelgrosse Zwiebeln oder 5-6 Frühlingszwiebeln
1/2 Tasse weisser Wein
1 Bund Dill oder Fenchelkraut, fein geschnitten
1/2 Bund Pfefferminze, fein geschnitten
wenig Salz, Pfeffer
150 gr Oliven
1 EL Mehl
Saft 1 Zitrone (letztere 2 Zutaten nach Belieben)

Augen, transparantes Fischbein und Magen entfernen. Sepia waschen. Bei Bedarf etwas Tinte aufbewahren.
Oliven während 3 Min. in Wasser kochen. Wasser wegschütten. Nochmals wiederholen. Kerne entfernen.
Zwiebeln im Olivenöl glasig dünsten, Dill oder Fenchelkraut und Pfefferminze zufügen und die in kleine Stücke geschnittene Sepia. Etwas

köcheln lassen, mit Wein ablöschen und bei Bedarf Tinte zugeben. 1/2 Std kochen, Oliven, fein geschnittenen Spinat, Salz und Pfeffer dazugeben. Weitere 10-15 Min. schmoren. Bei Bedarf kann die Sauce mit einem EL Mehl, Saft 1 Zitrone und etwas Sud vom Topf gebunden werden. Über das Gericht giessen, gut rühren und nochmals 5 Min. köcheln lassen.

Tomatensauce mit Oliven

1 Zwiebel, fein geschnitten
1/2 Tasse Olivenöl
2 Knoblauchzehen
1/2 kg Tomaten, geschält und in kleine Stücke geschnitten
200 gr Oliven, ohne Kerne
Salz, Pfeffer
Oregano, Basilikum
1/2 Tasse roter Wein

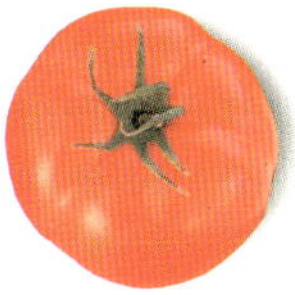

Zwiebel in Olivenöl glasig dünsten, feingeschnittenen Knoblauch, Tomaten, Wein, Oliven (zuerst wie oben angeführt kochen) Salz und nach Bedarf Pfeffer, Oregano und Basilikum zugeben. Auf kleinem Feuer köcheln lassen bis die Sauce dicklich ist.
Schmeckt ausgezeichnet zu Teigwaren und grilliertem Fisch.

Lauch, Sellerie und Oliven

1/2 kg Lauch
1/2 kg Stangensellerie
1/2 Tasse Olivenöl
1 Zwiebel
2-3 mittlere Kartoffeln
Saft 1 Zitrone
200 gr Oliven ohne Kerne

Lauch und Sellerie waschen und in mittelgrosse Stücke schneiden.
Oliven während 3 Min. kochen, Wasser wegschütten, dasselbe nochmals wiederholen. So wird den Oliven der bittere Geschmack genommen.
Fein geschnittene Zwiebeln im Olivenöl glasig braten, Lauch, Sellerie, Kartoffeln, den Zitronensaft und 1 Tasse heisses Wasser zufügen.

Alles auf kleinem Feuer 3/4 Std. köcheln lassen.
Oliven dazugeben, weitere 10 Min. köcheln lassen, heiss servieren.

Fleischklösschen mit grünen Oliven

1/2 kg Hackfleisch
2 Knoblauchzehen, fein geschnitten
1 Tasse altes Brot, gerieben
Salz, Pfeffer, Kümmel
1 Tasse Olivenöl zum Braten

Für die Sauce:

1/2 Tasse grüne Oliven
3 EL Olivenöl
1 Zwiebel, fein geschnitten
3 EL weisser Wein
1/2 kg reife Tomaten, püriert

Hackfleisch mit Knoblauch, Brot, 1/2 KL Salz, Pfeffer und Kümmel mischen. Klösschchen machen, braten. Oliven in Wasser während 3 Min. kochen, 2 Mal wiederholen, abtropfen lassen.
3 EL Olivenöl und Zwiebeln in eine Pfanne geben, Oliven zufügen, alles während 5 Min. auf kleinem Feuer dünsten, mit Wein ablöschen, Tomaten hineingeben, alles 10 Min. köcheln. Fleischklösschen in die Sauce geben und 10 Min. schmoren.

Olivenbrot aus Zypern

1 kg Mehl
2 Beutelchen trockene Hefe
1/2 Tasse Olivenöl
1 Zwiebel, gerieben
1 Tasse schwarze Oliven, ohne Kerne
1 EL Pfefferminze, trocken, gerieben
1/2 KL Salz
Sesamkörner

In einer tiefen Schüssel Hefe in 1 Tasse warmem Wasser auflösen. 1 Tasse Mehl dazugeben, zu einem Teig verarbeiten. Mit einem Tuch zudecken, 1/4 Std. ruhen lassen. (Bis sich Bläschen bilden)
Salz, Zwiebeln, Olivenöl, Pfefferminze, Mehl und Wasser hinzufügen. (ca. 2.5

Tassen) Zu einem Teig verarbeiten. Wenn der Teig weich und elastisch ist kneten wir die Oliven darunter. Teig 2 Std. an einem warmen Ort ruhen lassen. (bis er doppelt so gross ist) Einen grossen, runden Laib formen oder mehrere kleinere, rund oder lang. Mit Sesamkörnern bestreuen. Auf ein gebuttertes Blech legen, nochmals ruhen lassen, bis das Brot um das Doppelte aufgegangen ist. Im vorgeheizten Ofen bei mittlerer Hitze während ca. 45 Min. backen.

Soufflé mit Spinat und Oliven

300 gr Spinat
3 EL Olivenöl
6 Eier
6 EL Milch
150 gr Käse, gerieben, oder Feta
150 gr Oliven, ohne Kerne
100 gr Paniermehl
wenig Salz, Pfeffer

Spinat waschen, 2-3 Min. in kochendem Wasser blanchieren. Abtropfen lassen und für 5 Min. in 3 EL Olivenöl dünsten. Eigelb verquirlen, Milch dazugeben und über Spinat giessen. Spinat, Oliven, Paniermehl, Salz und Pfeffer dazugeben und die steifgeschlagenen Eiweiss darunterziehen. Masse in eine eingefettete, feuerfeste Form geben. In mittlerer Hitze während ca. 20 Min. backen.

OLIVENÖL ZUM BRATEN

Ärzte und Diätologen wissen sehr gut, warum sie folgende Ratschläge geben: Beim Braten sollten Sie nur Olivenöl verwenden! Dieser Ratschlag schlägt eine alte Theorie in den Wind, die lautete: im Vergleich zum Olivenöl, das beim Backen seinen Wert verliert, ertragen tierische Fette grössere Hitze. Moderne Studien haben aber gezeigt, dass das Olivenöl das zum Backen geeignetste Öl ist und dass es aufgrund Antioxidantien auch bei hohen Temperaturen seine Qualität nicht einbüsst.

BLEIBT SOGAR BIS 250 GRAD UNVERÄNDERT!

Die tierischen Fette enthalten keine Antioxidantien. Aus diesem Grund oxidiert es sehr schnell, eine Tatsache, die sich sehr nachteilig auf unsere Gesundheit auswirkt. Auch das Pflanzenöl enthält Tokoferolen,

(Antioxidantien) aber der grösste Teil der ungesättigten Fette tragen dazu bei, dass das Pflanzenöl bei Temperaturansteigung oxidiert.
Alle in den letzten Jahren durchgeführten Studien haben gezeigt, dass das Pflanzenöl schon bei 170-180 Grad zerstört wird, wobei das Olivenöl auch bei 200 Grad keinerlei Veränderungen zeigt. Die Studien zeigen weiter, dass das Olivenöl Temperaturen bis zwischen 230-250 Grad aushalten kann! Dabei handelt es sich natürlich um das Extra Virgin Olivenöl, das aufgrund seiner hohen Qualität und seiner Antioxidantien seine ausserordentliche Qualität beibehält. Im Vergleich zum Pflanzenöl schnitt sogar das raffinierte Olivenöl besser ab!
Die chemischen Stoffe, die im wasserstoffhaltigen Öl enthalten sind, so die Studien, erhöhen den "schlechten" Cholesterinspiegel im Blut und senken den "guten".

WENIGER KALORIEN, MEHR VITAMINE:

Weitere Studien haben die These widerlegt, dass alle Nahrungsmittel, die in Öl gebraten werden, Fett aufsaugen und deshalb dick machen und ungesund sind. Wenn wir beim Braten die richtige Technik anwenden, absorbiert die knusprige Aussenschicht kein Öl! Um das zu erreichen, müssen wir das Öl zuerst richtig erhitzen, ohne dass das Öl aber anfängt zu rauchen. Ausserdem muss darauf geachtet werden, dass die Bratpfanne nicht überfüllt wird, weil sonst die Öltemperatur plötzlich sinkt. Wenn der Ölspiegel während dem Braten sinkt, muss er wieder erhöht werden. Dass soll aber nicht geschehen, solange wir etwas in der Pfanne haben, denn sonst sinkt die Temperatur, was zur Folge hat, dass die Nahrungsmittel nicht schön knusprig werden. Es ist erwiesen, dass die im Olivenöl gebackenen Nahrungsmittel weniger Öl aufsaugen als die, die im Pflanzenöl gebraten wurden! Also haben erstere weniger Kalorien und machen somit weniger dick! Zusätzlich wurde bewiesen, dass die wasserlöslichen Vitamine im Olivenöl beim Braten nicht zerstört werden und die gebratenen Nahrungsmittel ihren Nahrungswert beim Braten zu einem grossen Teil beibehalten.

KANN MEHRMALS VERWENDET WERDEN

Das Olivenöl kann mehrmals verwendet werden. Wir sollten lediglich darauf achten, nicht gänzlich verschiedene Nahrungsmittel in demselben Öl zu braten. Das Öl, in dem wir Fisch oder in Mehl gewendete Nahrungsmittel gebraten haben, sollte filtriert werden und nur für gleiche oder geschmacksähnliche Nahrungsmittel wiederverwendet werden. Nach 3-5 Mal braten bleiben noch 30-50% der Vitamine im Olivenöl erhalten!

Käseküchlein

Teig:

- 3 EL Olivenöl
- 2 Eier
- 1/2 KL Salz
- 1/2 kg Mehl
- 1/2 Tasse Wasser

Füllung::

- 1/2 kg Käse, gerieben (Greyerzer)
- 4 Eier

Alle Zutaten zu einem Teig verarbeiten.
Während einer Stunde ruhen lassen.
Eier verquirlen und mit Käse vermischen.
Teig ausrollen, mit Glas Kreise ausschneiden. 1-2 EL Füllung darauf legen, in der Mitte umschlagen und einen Halbmond formen. Rand befeuchten, mit einer Gabel flachdrücken.
Käseküchlein im heissen Olivenöl backen, mit Käse bestreuen, heiss servieren.

Tiganites (Gebackene Küchlein)

- 1 Tasse Wasser
- 1/2 KL Salz
- 1 EL Zitronensaft
- 1 Tasse Mehl
- 1/2 Tasse Honig, gekochter Most oder Zucker
- Zimt, Sesam oder gemahlene Baumnüsse

Wasser, Salz, Zitronensaft und Mehl gut mischen.
Olivenöl in einer Bratpfanne erhitzen, den Teig löffelweise hineingeben. Auf beiden Seiten goldgelb braten, auf Küchenpapier abtropfen lassen und auf Platte anrichten. Mit Zucker bestreuen oder mit dem mit 2-3 TL Wasser

verdünnten Honig beträufeln. Nüsse, geröstete Sesamsamen oder Zimt und Zucker darüberstreuen.
Zur Abwechslung kann dem Teig auch 1/2 Tasse Feta zugefügt werden.

Gemüse-Puffer

Teig:

1 Tasse Wasser
1/2 KL Salz
3 EL Olivenöl
1 EL Zitronensaft
1/2 kg Mehl

Füllung:

1 kg Gemüse
(Spinat, Pfefferminze, Fenchel, Petersilie, Lauch, Frühlingszwiebeln)
Salz, Pfeffer

Für die Füllung: Gemüse waschen und fein schneiden. In Olivenöl für ca. 10 Min. zugedeckt dämpfen. Bei Bedarf etwas Wasser hinzufügen. Salz und Pfeffer darüberstreuen, in einem Sieb abtropfen lassen.
Teig mit oben erwähnten Zutaten herstellen. Am besten während 1 Std. im Kühlschrank ruhen lassen.
Teig ca. 2 mm dick auswallen, Kreise schneiden (ca. 15 cm Durchmesser) und 1 EL Füllung daraufgeben. In der Mitte umschlagen und einen Halbmond formen. Rand mit einer Gabel flachdrücken.
In reichlich heissem Öl goldgelb backen.

Tomaten-Puffer

3 mittlere, reife Tomaten
1 mittlere Zwiebel, gerieben
1 KL Salz
1/2 KL Pfeffer
1 KL Oregano
1 EL Petersilie oder Pfefferminze, kleingeschnitten
1 Tasse Mehl (mit Zusatz vonBackpulver)
Olivenöl zum Backen

Tomaten waschen, häuten, Kerne entfernen und in kleine Stücke schneiden. In eine Schüssel Zwiebeln, Tomaten, Oregano, Petersilie oder Pfefferminze, Salz und Pfeffer geben. Gut mischen, langsam Mehl darunterrühren bis ein dicklicher Teig entsteht.
Mischung löffelweise in heisses Olivenöl geben, beidseitig goldgelb braten, auf Küchenpapier abtropfen lassen.
Nach Belieben können dem Teig vor dem Backen auch 1 Ei, 3 EL geriebener Käse und 1 zusätzlicher EL Mehl untergemischt werden.

Zucchini-Puffer

1 kg Zucchini
2 mittlere Zwiebeln, gerieben
1 Bund Petersilie, fein geschnitten
2 Eier
1/2 Tasse Käse, gerieben
1/2 Tasse Paniermehl
Salz, Pfeffer
Mehl, Olivenöl zum Backen

Zucchini waschen, reiben und in ein Sieb geben, 1 KL Salz darüberstreuen, abtropfen lassen. Vor Gebrauch mit der Hand etwas ausdrücken. In einem tiefen Becken Zucchini, Petersilien, Zwiebeln, die verquirlten Eier, Käse, Pfeffer und Paniermehl gut mischen. Es sollte ein dicklicher Teig entstehen. Klösschen formen, im Mehl wenden, in reichlich Olivenöl goldgelb backen.

Spinat-Puffer

1 kg Spinat
2 Zwiebeln oder 5-6 Frühlingszwiebeln
1/2 Tasse Petersilie, fein geschnitten
1/2 Tasse Dill, fein geschnitten
Salz, Pfeffer
1 Tasse Mehl (mit Zusatz von Backpulver)
Olivenöl zum Braten

Spinat in heissem Wasser für 5 Min. blanchieren.
Wasser abschütten, Spinat etwas erkalten lassen. Spinat fein schneiden, Zwiebeln, Petersilie, Dill, Salz und Pfeffer zufügen. Aus 1 Tasse Mehl und 1 Tasse Wasser einen dicklichen Teig herstellen, Spinatgemisch darunterrühren. Löffelweise in heissem Olivenöl beidseitig goldgelb braten. Auf Küchenpapier abtropfen lassen.

Rühreier

2 Paprikaschoten
2 Zwiebeln, fein geschnitten
3 reife Tomaten, gerieben
5 Eier
1/2 Tasse Feta oder sonstiger Käse
1 KL Oregano
Salz, Pfeffer
4 EL Olivenöl

Öl in eine Bratpfanne geben und erhitzen. Zwiebeln, Paprikaschoten und Tomaten auf kleinem Feuer köcheln lassen bis alles eingedickt ist.
Unter ständigem Rühren ein Ei nach dem anderen in die Pfanne geben. Käse dazugeben, mit Salz, Pfeffer und Oregano abschmecken. Sobald die Eiermasse fest ist servieren.

Gebratener Fisch (Savore)

1 kg Fisch mittlerer Grösse (Gründling, Barbe, Seebarsch) oder ein grosser Fisch, in Tranchen geschnitten
1 Zitrone
Salz, Pfeffer
1 Tasse Mehl
Olivenöl zum Braten
3 EL Essig
3 EL Wasser
2 EL Rosmarin
1 EL Mehl
2-3 Knoblauchzehen nach Bedarf

Fisch schuppen und waschen, mit Zitronensaft beträufeln, mit Salz bestreuen und für einige Zeit im Kühlschrank ruhen lassen.
Im Mehl wenden und beidseitig goldgelb backen. Auf Platte anrichten.
Gebrauchtes Olivenöl filtern oder neues Öl verwenden. Ganzer Knoblauch goldgelb dünsten, herausnehmen. 1 EL Olivenöl leicht rösten, mit Essig und Wasser ablöschen, Rosmarin, wenig Salz und Pfeffer zufügen, zum Kochen bringen. Über Fisch giessen. Den Fisch in der Sauce marinieren lassen, einmal wenden. Da diese Fische eine dünne Haut haben, kann der Essig leicht ins Fleisch dringen. In einem gut verschlossenen Gefäss sind die auf diese Weise zubereiteten Fische über längere Zeit haltbar.
Zur obengenannten Sauce passen auch Tomaten.

Gebratene Miesmuscheln

1 kg Muscheln
Öl zum Braten

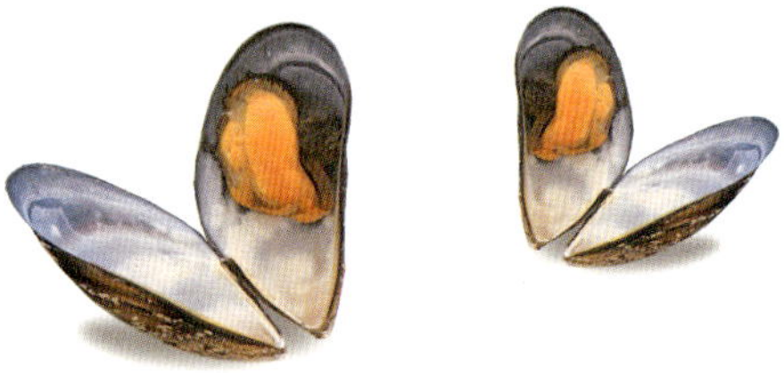

Für den Teig:
1/2 Tasse Mehl
1 Ei
1 KL Salz
1/2 KL Soda
1 Tasse Bier oder Wasser

Für die Yoghurtsauce:
300 gr Yoghurt
3 Knoblauchzehen, durchgepresst
2 EL Olivenöl
2 EL Essig oder Zitronensaft
Salz, Pfeffer
1/2 Tasse grobgehackte Baumnüsse

Für die Sauce Yoghurt, Knoblauch, Salz, Pfeffer, Olivenöl, Essig oder Zitronensaft und Baumnüsse gut mischen.
Muscheln waschen, Bart entfernen, während 5 Min. in reichlich Wasser kochen, damit sie sich öffnen. Diejenigen Muscheln, die sich nicht geöffnet haben wegwerfen, da sie gesundheitsschädlich sind. Die restlichen Muscheln aus den Schalen lösen. Mit Salz und Pfeffer würzen.
Mit dem Bier (oder Wasser) und Mehl, dem Ei, Salz, Mehl und der Soda einen dicklichen Teig herstellen. Jede Muschel einzeln in den Teig tauchen, in heissem Olivenöl goldgelb backen. Auf Küchenpapier abtropfen lassen. Auf Platte anrichten, in der Mitte die Yoghurtsauce anrichten.

Kartoffelrösti einmal anders

2 mittlere Kartoffeln
4 Eier
1 EL Pfefferminze, fein geschnitten
Salz, Pfeffer
2 EL Käse
2 EL Olivenöl

Kartoffeln in Salzwasser kochen, schälen, reiben. (oder von einer vorherigen Mahlzeit übriggebliebene Ofenkartoffeln) Verquirlte Eier unter

Kartoffelmasse mischen, Käse, Pfefferminze, Salz und Pfeffer dazugeben.

2 EL Öl in einer Bratpfanne erhitzen, Kartoffel-Käsemasse dazugeben, beidseitig goldgelb braten. Heiss servieren.

Gebratener Kürbis

1 kg Kürbis
1 KL Salz
1 Tasse Mehl
Olivenöl zum Braten
3 EL Zitronensaft oder Essig

Kürbis in 2 cm dicke Scheiben schneiden, mit Salz würzen, in einem Sieb abtropfen lassen. Scheiben im Mehl wenden, im heissen Olivenöl anbraten. Sofort wie folgt servieren: Sobald die Kürbisscheiben gut gebraten sind aus der Pfanne nehmen, Pfanne vom Feuer nehmen, Bratöl mit 3 EL Essig (oder Zitronensaft) ablöschen, schwenken bis die Flüssigkeit heiss ist und sofort über die Kürbisscheiben giessen.

Gebratenes Gemüse mit Tomaten- oder Yoghurtsauce

2 Auberginen
4 Zucchini
4 Paprikaschoten
Salz
Olivenöl zum Braten

Für den Teig:

1 Tasse Bier
1 Tasse Mehl
1 EL Olivenöl
Salz, Pfeffer

Für die Tomatensauce:

2 EL Olivenöl
1 grosse Zwiebel, in Scheiben geschnitten
1/2 kg Tomaten, in kleine Würfel geschnitten
2 Knoblauchzehen, durchgepresst
2 EL Essig
Salz, Pfeffer

Für die Yoghurtsauce:

1/2 kg griechischer Yoghurt (Quark)
2 Knoblauchzehen, durchgepresst
1/2 KL Salz

Auberginen waschen und in 1 cm dicke Scheiben schneiden. Mit Salz würzen und während 1/2 Std. ruhen lassen. Das gleiche gilt auch für die Zucchini, allerdings werden dieselben in etwas dünnere Scheiben geschnitten. Paprikaschoten waschen, Kerne entfernen, in zwei Hälften schneiden und mit Salz würzen.
Teig: *Bier, Mehl, Öl, Salz und Pfeffer gut mischen.*
Das Öl in einer Bratpfanne erhitzen, Auberginen- und Zucchinischeiben ausdrücken, im Teig wenden und im heissen Öl beidseitig goldbraun braten. Auf Küchenpapier abtropfen lassen.
Paprikaschoten auf dieselbe Weise braten, alles auf einer Platte anrichten.

Das gebratene Gemüse mit Yoghurtsauce servieren, der Knoblauch und Salz zugefügt wurden. Oder mit einer Tomatensauce, die wie folgt hergestellt wird: In einer kleinen Pfanne Zwiebeln in wenig Öl dünsten, Tomaten, Knoblauch, Essig, Salz und Pfeffer dazugeben und solange köcheln lassen bis die Sauce eingedickt ist.

Eier in Tomatensauce

1 Zwiebel, fein gehackt
1 Paprikaschote, fein gehackt
2 EL Olivenöl
2 reife Tomaten, in kleine Würfel geschnitten
Salz, Pfeffer
2 EL Käse, gerieben (bei Bedarf)
2 Eier

Zwiebel und Paprikaschote im Olivenöl dünsten, Tomaten, Salz und Pfeffer zufügen und solange köcheln lassen bis die Sauce eindickt. Käse zufügen und gut mischen. Eier auf Sauce aufschlagen, für kürzere Zeit köcheln.

NUR OLIVENÖL FÜR SALATE

Das Virgin Olivenöl vervollständigt unsere Mahlzeiten auf gesunde und schmackhafte Art, besonders wenn es zusammen mit Salaten oder frischem Gemüse genossen wird, wie das schon in der altherkömmlichen griechischen Küche der Fall war. Das Virgin Olivenöl, jener natürliche Olivensaft mit den für unsere Gesundheit unerlässlichen Qualitäten, sollte nie auf Ihrem Tisch fehlen!

Natürlich sagt niemand, dass Sie Ihre Essensgewohnheiten den Kretern anpassen sollen, deren Salate buchstäblich im Olivenöl schwimmen! Eine Tatsache, die die Touristen oft den Kopf schütteln lassen. Aber es sind gerade diese Kreter, die uns einen weisen Leitspruch mit auf den Weg geben: Extra Virgin Olivenöl und viel frisches Gemüse erhält jung und fit. Die Kreter ziehen es vor, das auf ihrer Insel so reichlich wachsende Gemüse und die wild wachsenden Kräuter in rohem Zustand zu geniessen, wie das schon ihre Vorfahren taten.

Bauernsalat mit Oliven

- 2 Tomaten, noch fest
- 2 Gurken
- 1 Zwiebel
- 1/2 Tasse Portulak
- 1/2 Tasse Petersilie
- 1 Paprikaschote
- 1 EL Kapern
- 5-6 schwarze Oliven
- 1/2 KL Salz
- 100 gr Feta
- 1 KL Oregano
- 4 EL Olivenöl
- 1 EL Essig

Tomaten, Gurken, Petersilie, Paprikaschote und Portulak waschen. Alles in mundgerechte Stücke schneiden und in eine Salatschüssel geben. Kapern, in Ringe geschnittene Zwiebel und Oliven dazugeben. Mit Salz, Oregano und Essig abschmecken, Öl hinzufügen, gut mischen.
Feta in kleine Stücke brechen und damit den Salat garnieren.

Salat mit Paximadi (griechischer Zwieback)

Auf Kreta wird sehr viel Paximadi gegessen. Paximadi ist Brot, das zwei Mal im Ofen gebacken wurde und somit seine Feuchtigkeit verloren hat. Früher war das die beste Methode zur Konservierung des Brotes, da die Zeit es den Bäuerinnen nicht erlaubte, täglich Brot zu backen. In Griechenland gibt es viele verschiedene Paximadiarten d. h. die Brote haben nicht nur ganz verschiedene Zutaten (Gerste, Weizen, 5-Korn etc.) sondern auch unterschiedliche Formen und Grössen. Dadurch, dass das Brot trocken ist, ist es selbstverständlich hart und wird deshalb vor dem Essen entweder mit Wasser oder Olivenöl beträufelt. Paximadi kann in vielen griechischen Länden in Europa und den USA gefunden werden.

Folgender Salat stammt aus Milopotamos, Kreta:

200 gr Paximadi
2 feste Tomaten
2 Gurken
1 Zwiebel
1 Paprikaschote
5-6 schwarze Oliven
1/2 KL Salz
100 gr Feta
1 KL Oregano
4 EL Olivenöl

Wir geben das in kleine Stücke gebrochene Paximadi in eine Salatschüssel und beträufeln es mit 2 EL Olivenöl. Tomaten, Gurken und Paprikaschote waschen, in Stücke schneiden und auf das Paximadi geben. In Ringe geschnittene Zwiebel und Oliven dazugeben. Mit Salz und Oregano abschmecken und das restliche Öl darübergiessen. Gut mischen. Feta in Stücke brechen und Salat damit garnieren.

Salat mit Rucola und Tomaten

2 feste Tomaten
1 Tasse Rucola
10 Oliven
1/2 KL Salz
Pfeffer
3 EL Olivenöl
1 EL Essig

In kleine Stücke geschnittene Tomaten, Rucola und Oliven in eine Salatschüssel geben, mit Salz und Pfeffer würzen, Essig und Öl darübergiessen.

Pligurisalat (Grütze)

1 Tasse Grütze
1 grosse Zwiebel, fein geschnitten oder
5-6 Frühlingszwiebeln
2 Tomaten, gehäutet und in kleine Stücke geschnitten
2 EL Petersilie, fein geschnitten
1 EL Pfefferminze, fein geschnitten (bei Bedarf)
4 EL Olivenöl
2 EL Essig
Salz,
1/2 Chilischote, püriert

Grütze mit heissem Wasser übergiessen, 1 Std. stehen lassen, abtropfen. Übrige Zutaten dazugeben, mischen.

Salat mit Äpfeln und Baumnüssen

1 Tasse Karotten, gerieben
1 Tasse Kohl, gerieben
1 Tasse rote Beete, gerieben
1 Tasse Äpfel, gerieben
1/2 Tasse Baumnüsse, grob gehackt
4 EL Olivenöl
4 EL Zitronensaft
Salz, Pfeffer

Alle trockenen Zutaten in einer Salatschüssel mischen, Zitronensaft und Olivenöl gut verrühren und darübergiessen.

Portulak mit Yoghurt und Baumnüssen

In vielen Ländern wächst Portulak wild und gilt teilweise sogar als Unkraut. Auf Kreta, eine Insel, von der wir betreffs gesunder Ernährung sehr viel lernen können, wird Portulak nicht nur nicht als Unkraut angesehen

sondern sogar angepflanzt und als Beilage zu Salaten sehr geschätzt. Portulak gedeiht auch sehr gut in Blumentöpfen, genau wie Schnittlauch und so viele andere Küchenkräuter.
Wenn Sie Portulak einmal säen, können Sie während Jahren ernten, denn er wächst immer wieder nach! Portulak ist reich an Omega-3 Fetten, die besonders gut sind fürs Herz.

1/2 kg Portulak
3 EL Olivenöl
250 gr griechischer Yoghurt (Quark)
2 Knoblauchzehen, durchgepresst
1 EL Essig oder Zitronensaft
1/2 KL Salz
2 EL Baumnüsse, grob gehackt

Portulak waschen und säubern. (dicke Stengel entfernen) In eine Salatschüssel geben, den mit Knoblauch, Olivenöl, Essig oder Zitronensaft abgeschmeckten und geschlagenen Yoghurt darübergiessen, Salz und Baumnüsse zufügen.

Bohnensalat

1 Tasse Weisse Bohnen
1 Zwiebel, in Ringe geschnitten
2 Paprikaschoten, in Ringe geschnitten
3 Tomaten, geschält, kernenlos und in kleine Stücke geschnitten
3 EL Petersilie, fein geschnitten
1 EL Basilikum, fein geschnitten (nach Bedarf)
4 EL Olivenöl
2 EL Essig oder Zitronensaft, Salz
10 schwarze Oliven
2 Eier, gesotten

Weisse Bohnen weichkochen, Wasser wegschütten. (Bohnen werden am besten über Nacht eingeweicht)
In einer Salatschüssel Bohnen, Zwiebeln, Paprikaschote, Tomaten und Petersilie gut mischen. Essig, (oder Zitronensaft) Salz und Olivenöl sämig rühren, über Salat giessen.
Mit Oliven und gekochten Eierscheiben garnieren.

OLIVENÖL und HÜLSENFRÜCHTE

Früher spielten in der kretischen Ernährung die Hülsenfrüchte die Hauptrolle. Diese Tatsache ist mittels archäologischer Funde erwiesen. Schon in der vorgeschichtlichen Zeit gehörten die Hülsenfrüchte nicht nur auf Kreta sondern auch auf anderen Ägäischen Inseln auf den täglichen Speiseplan. Die Menschen brachten damals ihren Göttern als Zeichen ihrer Dankbarkeit Gaben dar, unter denen sich u. a. alle Arten von Hülsenfrüchten befanden.

Auch aus der griechischen Mythologie können wir entnehmen, welch wichtige Rolle die Hülsenfrüchte nicht nur im Alltagsleben der alten Griechen gespielt hatte sondern auch bei ihren religiösen Festen. Es wird auch erwähnt, dass sich die ersten Menschen nach der Sintflut mit Hülsenfrüchten ernährten. Nachdem es endlich aufgehört hatte zu regnen und die Flut langsam zurückgegangen war, wurde es Deukalion und Pirra bewusst, dass sie die einzigen Menschen auf der Erde waren, die die Sintflut überlebt hatten. Das einzige, was ihnen geblieben war, waren eine Handvoll Samen. Sie kochten die Samen und dankten Gott für ihre wunderbare Rettung. Einerseits waren sie glüchlich über ihre Rettung, andererseits aber spürten sie tiefe Traurigkeit, denn sie konnten das Elend nicht vergessen, das ihre Mitmenschen befallen hatte. Die gekochten Hülsenfrüchte bedeuteten für die zwei Überlebenden also eine Mahlzeit der Freude und des Leides zugleich! Wenn wir die Symbolik dieses Mythos etwas weiter erforschen verstehen wir, dass dieser Kreis der Freude und des Leides der gleiche Lebenskreis ist, den wir bei den Samen verfolgen können: Die Samen werden im Boden begraben. Jene aber sterben nicht, sondern werden wieder geboren, blühen und tragen Früchte!

In den olivenölproduzierenden Ländern wurden und werden die Hülsenfrüchte fast immer mit Olivenöl genossen. Ausgenommen sind die Tage, an denen die orthodoxe Kirche den Genuss von Olivenöl verbietet. Aber gerade in jenen Tagen werden vermehrt Hülsenfrüchte gegessen und zwar zusammen mit Oliven. Äusserst beliebt sind die Saubohnen, die sich, über Nacht eingelegt, besonders während der Fastenzeit auf Kreta und auf den Ägäischen Inseln grosser Beliebtheit erfreuen. Auch in den Klöstern werden während den Fastentagen sehr viele Hülsenfrüchte gekocht. An den Tagen, an denen das Olivenöl verboten ist, werden die Hülsenfrüchte zusammen mit Oliven gekocht.

Diätologen der heutigen Zeit empfehlen dem modernen

Menschen, diese gesunden Essensgewohnheiten weiter aufrecht zu erhalten. Und natürlich empfehlen die Diätologen weiter, Hülsenfrüchte mit Olivenöl zu servieren! Das Olivenöl ist eine einzigartige Garantie für unsere Gesundheit, ergänzt alle Gerichte mit Hülsenfrüchten vorzüglich und verbindet die beiden in vollständiger Geschmacksharmonie. Die herkömmliche Küche bietet reichlich Abwechslung bei der Zubereitung von Hülsenfrüchten.

Fava (Kichererbsenbrei)

In einigen Mittelmeerländern wird die Saubohne als Kichererbse bezeichnet. In Griechenland wird die geschälte, zerdrückte Frucht der Pflanze Lathyrus Sativus Kichererbse genannt. In den Geschäften findet man die Kichererbsen grob gemahlen. Im Ausland findet man Kichererbsen in Läden, die griechische Produkte feilhalten. Die nach griechischem Rezept zubereiteten Kichererbsen sind püriert und werden mit Extra Virgin Olivenöl beträufelt.

1/2 kg Kichererbsen
2 Zwiebeln
1 KL Salz, Pfeffer
3 EL Olivenöl

Zum Beträufeln:
Olivenöl
2 Zitronenscheiben
1 Zwiebel, fein geschnitten
Nach Bedarf Oliven

Kichererbsen, zusammen mit Zwiebel, Salz und 2 EL Olivenöl in eine Pfanne geben. 5 Tassen Wasser dazugeben, auf kleinem Feuer kochen bis die Kichererbsen weich sind und fast kein Wasser mehr übrig bleibt. (Pfanne während des Kochens nicht zudecken, da die Kichererbsen sonst überlaufen) Gegen Ende der Kochzeit häufig rühren, damit die Kichererbsen nicht anbrennen aber auch, damit es püriert wird. Beim Erkalten wird der Brei dick. Mit Pfeffer abschmecken und bei Bedarf mit Olivenöl beträufeln undmit Zwiebel-ringen, Zitronenscheiben, Oliven, Kapern und Pfefferminze garnieren. Kichererbsenbrei schmeckt noch besser, wenn wir die Schüssel vorher mit einer Knoblauchzehe ausreiben.

Bohnen-Allerlei (Pallikaria - Polysporia)

Ein in ganz Griechenland bekanntes Gericht. Früher wurde es nur an ganz speziellen Tagen gegessen (Marienfest, 21. November, Fest des hl. Andrea, 30. November). Die Bauern glaubten früher, dass sie beim Genuss der Hülsenfrüchte die nächste Ernte günstig beeinflussen konnten. Heute wissen wir, dass dieser Brauch aus dem Altertum stammt, Thargilia genannt wurde und zu Ehren von Apollo abgehalten wurde. Damals wurden die Samen verschiedener Hülsenfrüchte zusammen in einem Topf gekocht und den Göttern dargebracht. Heute macht man aus dem Bohnen-Allerlei schmackhafte Salate oder gesunde Hauptmahlzeiten.

Bohnen-Allerlei

je 100 gr Erbsen, Kichererbsen, Getreide, Weisse Bohnen, Saubohnen, Linsen etc.
Salz, Pfeffer
Frühlingszwiebeln oder Schalotten, Dill
Olivenöl, Zitronensaft

Hülsenfrüchte über Nacht in Wasser einweichen, Getreide und Kichererbsen zusammen, in einer zweiten Schüssel die restlichen Hülsenfrüchte, ausser den Linsen, falls wir sie verwenden.

Zuerst während 1/2 Stunde Getreide und Kichererbsen kochen, anschliessend die übrigen Hülsenfrüchte beigeben und weichkochen. Mit Salz und Pfeffer abschmecken. Zusammen mit dem Kochwasser kann dieses Gericht als Suppe gegessen werden oder auch als Salat serviert werden, nachdem wir selbstverständlich das Wasser weggeschüttet haben. Salatsauce mit Olivenöl, Zitronensaft, Dill und Zwiebeln anmachen.

Linsensuppe

1/2 kg Linsen
1 Zwiebel, fein geschnitten
3/4 Tassen Olivenöl
2-3 Knoblauchzehen
1 EL Tomatenpürée oder 3 reife Tomaten, püriert
3 Lorbeerblätter, Salz, Pfeffer
3 EL Essig

Linsen in Wasser während 5-6 Min. kochen, Wasser wegschütten. Zwiebel im Olivenöl glasig dämpfen, Linsen, Knoblauch, das mit einer Tasse Wasser verdünnte Tomatenpürée, (oder frische Tomaten) Lorbeerblätter, Salz und Pfeffer zufügen. Alles mit Wasser gut überdecken und während ca. 1/2 Std. köcheln lassen. Essig zugeben, noch während 5 Min. köcheln lassen, servieren.

Weisse Böhnchen mit Fenchelkraut

1/2 kg weisse Böhnchen
1/2 Tasse Olivenöl
1 Zwiebel, fein geschnitten
300 gr Fenchelkraut, fein geschnitten
1 EL Tomatenpürée oder
1/2 kg reife Tomaten, gerieben
Salz, Pfeffer

Böhnchen in eine Pfanne geben, mit Wasser zudecken, ca. 1/2 Std. weichkochen. Abtropfen lassen, Olivenöl in eine Pfanne geben, Fenchelkraut und Zwiebel ca. 5 Min. dünsten. 2-3 Tassen Wasser dazugeben, 15 Min. köcheln lassen, das mit 1 Tasse Wasser verdünnte Pürée oder Tomaten, Salz und Pfeffer dazugeben. Fenchelkraut köcheln lassen bis es weich ist, Böhnchen zufügen, etwas Wasser beigeben und zugedeckt fertig kochen.

Kichererbsen-Puffer

1/2 kg Kichererbsen
1 Zwiebel, gerieben
2 Eigelb
4 EL Paniermehl
1/2 Tasse Petersilie, fein geschnitten
Salz, Pfeffer

nach Bedarf:

1/2 Tasse Käse, gerieben
Mehl, Olivenöl zum Braten

Kichererbsen über Nacht in Wasser einweichen. Weichkochen. Im Mixer pürieren, indem wir 3 EL vom Kochwasser dazugeben. Mit allen anderen Zutaten gut mischen.
Puffer formen, im Mehl wenden und im heissen Olivenöl goldgelb anbraten. Heiss servieren. Können auch in Tomatensauce angerichtet werden.
Auf dieselbe Art können auch Fava-Puffer oder andere Hülsenfrüchte-Puffer, gemischt oder alleine, gemacht werden.

Spaniada

Einfache aber schmackhafte Mahlzeit aus der byzantinischen Periode. In byzantinischen Rezepten werden "heilige Säfte" erwähnt, für die Wasser, Olivenöl und verschiedene Kräuter zusammen gekocht wurden. Diese "heiligen Säfte" wurden über Brotwürfel gegossen und als Suppe gegessen. Dieses Grundrezept wird auch heute noch für viele herkömmliche Gerichte verwendet, die in Griechenland anzutreffen sind. Spaniada ist ein Gericht, das heute noch in den Asterousiabergen (in Südkreta) gekocht wird und in seiner Ausführung jenem uns aus der byzantinischen Periode bekannten Rezept sehr ähnlich ist.

300 gr Weisse Bohnen
5 EL Olivenöl
1 Zwiebel, in Ringe geschnitten
Salz, Pfeffer
Paximadi (griechischer Zwieback)

Die Bohnen in genügend Wasser weichkochen. Es soll noch etwas Flüssigkeit übrigbleiben.

In einem Pfännchen Zwiebel im Olivenöl goldgelb dünsten, Bohnen und Flüssigkeit dazugeben, mit Salz und Pfeffer abschmecken, nochmals während 10 Min. köcheln lassen. Je ein Stück Paximadi in die Suppenteller legen und Suppe darübergiessen. Je nach Geschmack Zitronensaft dazu reichen.

TEIGWAREN UND REIS MIT OLIVENÖL

Reis mit Muscheln

1 kg Muscheln
2 Tassen Reis
4-5 EL Olivenöl
2 mittlere Zwiebeln, fein geschnitten
100 ml Weisswein
2 mittlere Tomaten, gerieben
Salz, Pfeffer

Muscheln vorbereiten: Schale waschen, Bart entfernen, in reichlich Wasser kochen (ca. 5 Min.) bis sich die Muscheln öffnen. Diejenigen Muscheln, die sich nicht geöffnet haben unbedingt wegwerfen, das sie gesundheitsschädlich sind. Die restlichen aus den Schalen lösen.
In einem Topf Zwiebeln in Olivenöl goldgelb dünsten, Muscheln dazugeben und kurz mitdämpfen. Reis hineingeben, während 1-2 Minuten glasig braten. Wein, Tomaten, Salz und Peffer zufügen, ca. 5 Tassen Wasser darübergiessen und unter gelegentlichem Rühren so lange köcheln lassen, bis die Flüssigkeit verdampft ist.

Knoblauchbrot mit Olivenöl

5 Scheiben Brot
3 EL Knoblauch-Olivenöl

Brot rösten, noch in heissem Zustand mit Olivenöl beträufeln. Sofort servieren.

Dolmades mit Zucchiniblüten

Dieses Gericht ist v. a. auf Kreta anzutreffen. Für dieses Gericht werden die zarten Zucchiniblüten verwendet, die mit einer Mischung von Reis, Zwiebeln, Petersilie etc. gefüllt werden. Es lohnt sich, dieses erfrischende und mundende Sommergericht auszuprobieren!

40 Zucchiniblüten
1/2 kg Reis
2 Zwiebeln, fein geschnitten
3/4 Tassen Olivenöl
1/2 kg reife Tomaten, gerieben
Salz, Pfeffer
2 EL Petersilie, fein geschnitten

Zucchiniblüten am Morgen kaufen oder pflücken, also wenn sie offen sind. Waschen und Stil in der Blüte vorsichtig entfernen. Zwiebeln reiben, mit Tomaten, Petersilie, dem Reis, der Hälfte des Olivenöls, Salz und 1 Tasse Wasser gut mischen. Bei Bedarf kann die Hälfte des Reises durch 1/2 Tasse Hackfleisch ersetzt werden.
Mit dieser Füllung Zucchiniblüten sorgfälltig füllen, in einen Topf geben und mit einem Teller beschweren. Übriges Olivenöl und Wasser darübergiessen. Vergewissern Sie sich, dass das Gemüse mit Flüssigkeit zugedeckt ist. Auf kleinem Feuer köcheln lassen, bis die Flüssigkeit vollständig aufgesogen ist.

Chondros oder Pligouri (Grütze) mit Tomaten

1/2 kg Grütze
1/2 Tasse Olivenöl
2 Zwiebeln, gerieben
2 Zucchini, fein geschnitten
1 Kartoffel, in kleine Würfel geschnitten
3 Tomaten, in kleine Würfel geschnitten
Salz, Pfeffer
6-7 Tassen Wasser oder Bouillon

Grütze waschen und abtropfen lassen. Zwiebeln in Olivenöl goldgelb dünsten, Zucchini, Kartoffel und Tomaten während 5 Min. mitdämpfen. 6-7 Tassen Wasser oder Bouillon dazugeben. Zum Kochen bringen, Grütze hineingeben, auf kleinem Feuer ca. 1/2 Std. weichkochen, dabei häufig rühren. Kann mit geriebenem Käse serviert werden.

Auberginen mit Reis

1/2 kg Auberginen
1/2 Tasse Olivenöl zum Braten
2 Zwiebeln, fein geschnitten
2 EL Olivenöl
3 mittlere Tomaten, gehäutet und in kleine Würfel geschnitten
1 Tasse Reis, Salz, Pfeffer

Auberginen waschen, Stiel entfernen, in ca. 4 cm grosse Würfel schneiden, mit Salz bestreuen und während ca. 1/2 Stunde Wasser ziehen lassen.
Reis waschen und abtropfen lassen.
Auberginen trockentupfen und in heissem Olivenöl leicht anbraten. Auf Küchenpapier abtropfen lassen. Die Zwiebeln in 2 EL Olivenöl goldgelb dünsten, Reis zufügen und glasig braten. Tomaten, Salz, Pfeffer, die gebratenen Auberginen und 2 1/2 Tassen heisses Wasser zufügen. Während 20 Min. köcheln lassen oder bis die Füssigkeit aufgesaugt ist.

Artischocken mit Reis

5 Artischockenherzen, in Würfel geschnitten
3-4 EL Olivenöl
5-6 Frühlingszwiebeln, fein geschnitten
3 Karotten, in Würfel geschnitten
3 KL Dill, fein geschnitten
1 Tasse Reis, Salz, Pfeffer
1 Zitrone Saft

Artischocken reinigen: äussere Blätter und haarigen Teil entfernen. Artischockenherzen mit Zitronensaft einreiben, damit sie nicht schwarz anlaufen.
Olivenöl heiss machen, Zwiebeln, Karotten, Artischocken und Dill dünsten. Reis zufügen, unter ständigem Rühren ca. 1 Min mitdünsten. 2 1/2 Tassen heisses Wasser, Salz und Pfeffer dazugeben, während ca. 20 Min. köcheln lassen, oder bis die Flüssigkeit aufgesaugt ist. Vom Feuer nehmen, Zitronensaft über das Gericht träufeln und untermischen. Topf mit einem sauberen Tuch zudecken und während ca. 15 Min. ruhen lassen.

FLEISCH UND FISCH MIT OLIVENÖL

Der von M. Chourmousis--Byzantios, (einem Griechen aus Konstantinopel) anfangs des 19. Jahrhunderts ausgesprochene Satz: *"Sogar das Schweinefleisch wird von ihnen (den Kretern) mit Olivenöl gekocht..."* widerspiegelt die Tatsache, welch wichtige Rolle das Olivenöl in der kretischen Küche spielt. Dieselbe bemerkenswerte Feststellung machten sowohl etliche Reisende als auch verschiedene Diätologen, die die Insel bereisten, um eine Studie über die kretische Ernährung zu machen. Für nordländische Völker ist diese Tatsache völlig unverständlich, zumal sie das Fleisch in tierischen Fetten anbraten. Auf der anderen Seite berichtet der Engländer Robert Pashley, der Kreta 1834 besuchte, dass es für die 'olivenölgewohnten' Kreter unvorstellbar sei, das Fleisch in tierischem Fett zu braten!

Das amerikanische Rockefellerinstitut, das 1948 eine Studie über die kretischen Essensgewohnheiten durchführte, berichtete, dass die Kreter mittags Gemüse, Hülsenfrüchte oder Fisch, alleine oder mit Hülsenfrüchten, Gemüse oder Zerealien essen. Auf der Insel, die sich aufgrund ihrer gesunden Ernährung einen Namen gemacht hat und die als Beispiel im ganzen Mittelmeerraum gilt, wird das Fleisch meist zu Vrouves (wilde Kräuter) oder Hülsenfrüchten gereicht. Sogar zum traditionellen Osterlamm gehört frisches Gemüse, (wilde Kräuter, Artischocken, Kopfsalat etc.) selbstverständlich mit Olivenöl beträufelt!

Das Olivenöl verleiht Fisch und Fleisch einen speziell guten Geschmack und macht das Essen leichter verdaulich und infolgedessen auch gesünder.

Grilliertes Fleisch mit Oregano-Öl

1,5 kg Fleisch (jede Art)
1/2 Tasse Olivenöl
Saft 2 Zitronen
1 KL Oregano
1 KL Salz

Fleisch waschen, in Stücke schneiden, trockentupfen und in eine Schüssel geben. Mit Öl, Zitronensaft, Salz und Oregano würzen. Während mindestens 1 Std. marinieren lassen, (von Vorteil länger) dabei öfter wenden.

Grillieren, wobei wir das Fleisch öfter mit der Marinade bepinseln.

Schaf- oder Schweinefleisch mit Pflaumen

1,5 kg Fleisch
1 Zwiebel, grob geschnitten
Salz, Pfeffer, Muskatnuss
1 Zimtstengel
5-6 Nelken
Saft 2 Zitronen
3-4 EL Olivenöl
1/2 kg Pflaumen
1/2 Tasse Mandeln
2 EL Zucker oder Honig

Fleisch waschen und in Stücke schneiden. In eine Schüssel legen, Zwiebeln, Salz, Pfeffer, Zimtstengel, Nelken, Muskatnuss und Zitronensaft dazugeben. Das Fleisch während mindestens 1 Std. marinieren. In der Zwischenzeit Pflaumen in Wasser einweichen, damit sie 'aufschwellen'. Mandeln mit heissem Wasser überbrühen und schälen.
Olivenöl erhitzen, Fleisch darin anbraten.
Mit Marinade ablöschen, 1-2 Tassen Wasser dazugeben, auf kleinem Feuer weichkochen. Pflaumen, Mandeln und Honig dazugeben und während weiteren 10 Min. köcheln lassen.

Schweinefleisch mit Kartoffeln und Koriander

1 kg Schweinefleisch, ohne Knochen
4 mittlere Kartoffeln, gewürfelt
4-5 EL Olivenöl
4 Knoblauchzehen, grob geschnitten
3/4 Tasse Rotwein
2 KL Koriander
Salz, Pfeffer

Fleisch in Stücke schneiden, waschen, mit Küchenpapier trockentupfen. Marinade herstellen mit Knoblauch, Rotwein, Koriander, Salz und Pfeffer. Fleisch während mehreren Stunden darin marinieren, häufig wenden.
Olivenöl erhitzen, das trockengetupfte Fleisch darin gut anbraten. Wenn es von allen Seiten gut angebraten ist mit Marinade ablöschen, etwas Wasser hinzufügen und auf kleinem Feuer köcheln lassen bis das Fleisch zur Hälfte gekocht ist. Kartoffeln hineingeben, mit etwas Salz abschmecken, wenig heisses Wasser hinzufügen und weichkochen.

Kalbfleisch mit Nudeln

1 kg Kalbfleisch
1 Zwiebel, fein geschnitten
5 EL Olivenöl
3 Knoblauchzehen, grob geschnitten
100 ml Weisswein
1 kg reife Tomaten, gerieben
1 Zimtstengel
5-6 Nelken
2-3 Lorbeerblätter
Salz, Pfeffer
1/2 kg Nudeln
1 Tasse Käse, gerieben

Zwiebeln im heissen Öl leicht dünsten, das in Würfel geschnittene und mit je einem Knoblauchstück gespickte Fleisch dazugeben. Auf mittlerem Feuer anbraten, dabei öfter Fleisch wenden, damit es nicht anbrennt. Mit Wein ablöschen, Tomaten, Zimtstengel, Nelken, Lorbeerblätter, Salz und Pfeffer dazugeben, 2 Tassen Wasser dazugiessen, auf kleinem Feuer weichkochen. Wenn nötig etwas Wasser hinzufügen. Es soll reichlich Sauce geben für die Nudeln. Nudeln in viel Salzwasser al dente kochen (ca. 15 Min.) In ein grosses Sieb geben und mit kaltem Wasser abschrecken. Gut abtropfen lassen. Die Nudeln auf einer grossen Platte anrichten, mit Sauce übergiessen, das Fleisch auf der gleichen Platte anrichten und alles mit Käse bestreuen.

Hähnchen an Weinsauce

1 Hähnchen, zerteilt
1/2 Tasse Olivenöl
2 Zwiebeln, gerieben
3 Knoblauchzehen, in Scheiben geschnitten
2 Tassen Rotwein
1/2 kg reife Tomaten, in kleine Würfel geschnitten
Salz, Pfeffer

Zwiebeln in heissem Öl leicht dünsten, Fleisch und Knoblauch dazugeben, das Fleisch auf allen Seiten gut anbraten. Mit Wein ablöschen, 2-3 Tassen heisses Wasser hinzufügen, auf kleinem Feuer halb fertig kochen. (ca. 1/2 Std.) Bei Bedarf Wasser zufügen. Tomaten, Salz und Pfeffer beigeben und fertig schmoren.
Schmeckt am besten zu Reis, Kartoffelbrei oder Nudeln.

Meerbrasse mit Stangensellerie

1 kg Fisch von mittlerer Grösse
1 kg Stagensellerie, grob geschnitten
2 Zwiebeln, fein geschnitten
1/2 Tasse Olivenöl
Salz, Pfeffer
2 Eier
2 Zitronen

Fisch schuppen, ausnehmen und waschen, mit Salz würzen und im Kühlschrank ruhen lassen. Sellerie waschen, in kochendem Wasser während 5 Min. blanchieren, abtropfen lassen.
Zwiebeln im heissen Olivenöl kurz dünsten, Sellerie, Salz und Pfeffer dazugeben. Zugedeckt auf kleinem Feuer köcheln lassen bis der Sellerie fast fertig gekocht ist.
Fisch darauflegen, während 1/4 Std. auf kleinem Feuer köcheln lassen, dabei ab und zu die Pfanne schwenken. Vom Feuer nehmen und Eier-Zitronensauce darübergiessen.
Eier-Zitronensauce: Zuerst Eigelb gut verquirlen, Eiweiss dazugeben und weitere 2-3 Minuten mit dem Schwingbesen schlagen. Unter ständigem Rühren Zitronensaft dazugeben. Mit einem Löffel langsam und unter ständigem Rühren Saft von der Pfanne zufügen, bis die Eier-Zitronensauce warm ist. Sauce über die Fische giessen, Pfanne schwenken, damit sich die Sauce gut verteilen kann. Pfanne vom Feuer nehmen. Die Sauce sollte unter keinen Umständen zum Kochen gebracht werden!

Makrelen mit Rosinen und Baumnüssen

- 1,5 kg Makrelen oder Forellen
- 2 Zwiebeln, fein geschnitten
- 2-3 Knoblauchzehen, durchgepresst
- 5 EL Olivenöl
- 1/2 kg reife Tomaten, gehäutet und in kleine Würfel geschnitten
- 1/2 Tasse Rosinen
- 1/2 Tasse Baumnüsse, grob gehackt
- Salz, Pfeffer

Fische schuppen, ausnehmen und waschen. Mit Salz bestreuen und in einer Lage in ein Backblech oder eine feuerfeste Form legen.

Tomaten, Zwiebeln, Knoblauch, Rosinen, Nüsse, Salz und Pfeffer gut mischen. Die Fischbäuche mit so viel Mischung wie möglich füllen. Die restliche Füllung über die Fische geben. Mit Olivenöl beträufeln und bei mittlerer Hitze während ca. 1 Std. im Ofen backen.

Bakaliaros (Salzheringe) mit Zitronenkartoffeln

1 kg Salzhering, 1 kg Kartoffeln
1/2 Tasse Olivenöl
1 grosse Zwiebel, gerieben
3 Knoblauchzehen, fein geschnitten
3 EL Zitronensaft, Pfeffer

Fisch in Stücke schneiden, in einem Becken mit Wasser während 12-18 Stunden ruhen lassen, (hängt von der Grösse des Fisches ab) indem wir das Wasser 2-3 Mal erneuern. Das Olivenöl, die Zwiebel, die in Scheiben geschnittenen Kartoffeln, den Knoblauch und die Fischteile in einen Topf geben. Mit Pfeffer würzen, 1-2 Tassen Wasser darübergiessen, auf kleinem Feuer während ca. 1/2 Std. kochen. Bei Bedarf Wasser hinzufügen. Zitronensaft beifügen, die Pfanne schwenken, damit sich der Zitronensaft gut verteilen kann, nochmals 5 Min. köcheln lassen. Die Sauce sollte dicklich sein. Bei Bedarf kann 1 EL Mehl in ein wenig Wasser oder Sud aus der Pfanne aufgelöst und dem Gericht beigefügt werden.

Fisch mit Rosmarin

1 grosser Fisch (Brasse, Meeräsche etc.)
3 an der Sonne getrocknete Tomatenscheiben
2-3 Lorbeerblätter
3 EL Petersilie, fein geschnitten
3-4 Zwiebeln, in Ringe geschnitten
2 Knoblauchzehen, fein geschnitten
4 EL Olivenöl, 100 ml Weisswein
3 mittlere, reife Tomaten, gehäutet und in kleine Würfel geschnitten
Salz, Pfeffer, 1 EL Rosmarin
1/2 Tasse schwarze Oliven (nach Belieben)

Fisch schuppen, ausnehmen und waschen. Bauch mit Petersilie, Lorbeerblättern und Tomatenscheiben füllen. In die Mitte eines Backblechs oder einer feuerfesten Form legen. Mit etwas Öl beträufeln. In einer Pfanne Zwiebeln in heissem Olivenöl goldgelb dünsten, Knoblauch, Tomaten, Wein, Rosmarin, Oliven, Salz und Pfeffer beigeben und während 5 Min. köcheln lassen. Sauce um den Fisch herum anrichten, bei mittlerer Hitze während ca. 1 Std. backen.

Fisch mit Paprikaschoten

1	grosser Fisch (Brasse, Meeräsche, Meerbrachsen etc.)
3	EL Petersilie, fein geschnitten
2	Zwiebeln, in Ringe geschnitten
2	Knoblauchzehen, fein geschnitten
1/2	kg Tomaten, in kleine Würfel geschnitten
1/2	kg Paprikaschoten, in Ringe geschnitten
6	EL Olivenöl
100	ml Weisswein
	Salz, Pfeffer
	Saft 1 Zitrone

Zwiebeln, Paprikaschoten, Knoblauch und Tomaten mit Salz und Pfeffer würzen, gut mischen, auf ein Backblech oder in eine feuerfeste Form geben.
Fisch schuppen, ausnehmen und waschen. Bauch mit Petersilie füllen und mit Salz würzen. Auf Gemüse legen.
Zitronensaft, Wein und Öl über den Fisch giessen. Bei mittlerer Hitze im Ofen während ca. 1 Std. backen.

Kakavia (Fischsuppe)

Fischsuppen sind nicht nur unter den Fischern Griechenlands sehr beliebt, sondern werden geradeso gern von den Inselbewohnern gegessen. Fischsuppen können auf verschiedene Arten gekocht werden. In früheren Zeiten war es üblich, für die Fischsuppe Meerwasser zu benutzen. Die Byzantiner übernahmen die Fischsuppe von den alten Griechen und benannten sie nach dem Topf, (Kakavi) in dem sie zubereitet wurde. So ist in Griechenland der Namen 'Kakavia' auch heute noch in Gebrauch.
Es wird angenommen, dass die griechische Fischsuppe (Kakavia) den Franzosen den Anstoss gab für ihre berühmte Bouillabaisse.

1 grosser Fisch, ca. 1,5 kg (Dorade, Drachenkopf, Meerbrachsen)
2 Zwiebeln, in Ringe geschnitten
5-6 Kartoffeln, in Scheiben geschnitten
4 EL Olivenöl
Salz, Pfeffer
Saft 2 Zitronen

In einem grossen Topf Zwiebeln in heissem Olivenöl glasig dünsten, Kartoffeln und Wasser dazugeben, während 5 Min. kochen, Fisch, Salz und Pfeffer beifügen, während 25-30 Min. oder bis alles weich ist köcheln lassen. Mit Zitronensaft abschmecken.

Fleisch mit Spinat

1 kg Fleisch (Lamm- oder Rindfleisch)
1 kg Spinat
6 EL Olivenöl
2 Zwiebeln, fein geschnitten
1/2 kg Tomaten, in kleine Würfel geschnitten
Salz, Pfeffer

Fleisch waschen, trockentupfen, in mittelgrosse Würfel schneiden.
Zwiebeln in heissem Olivenöl glasig dünsten, Fleisch dazugeben und leicht anbraten. Tomaten und 1 Tasse Wasser hinzufügen, auf kleinem Feuer halb weich kochen.
Inzwischen den Spinat waschen und rüsten. Schneiden und zum Fleisch geben, mit Salz und Pfeffer würzen, weiterschmoren bis fast alles Wasser aufgebraucht ist und das Fleisch und der Spinat weich sind.

Lammfleisch vom Ofen mit Tomaten

- 1 kg Lammfleisch
- 1 kg Kartoffeln, gewürfelt
- 1/2 kg Tomaten, in Scheiben geschnitten
- Saft 1 Zitrone
- 6 EL Olivenöl
- 2-3 Lorbeerblätter
- Salz, Pfeffer

Fleisch waschen, in mittelgrosse Stücke schneiden, trockentupfen, mit Zitronensaft beträufeln.
Auf ein Backblech oder in eine feuerfeste Form geben, mit Salz und Pfeffer würzen und mit der Hälfte des Olivenöls beträufeln.
Die in Würfel geschnittenen Kartoffeln salzen und pfeffern und rund um das Fleisch legen. Lorbeerblätter zwischen die Kartoffeln geben, restliches Öl über die Kartoffeln träufeln.
Tomatenscheiben auf die Kartoffeln legen, etwas Wasser ins Blech oder in die Form giessen, bei mittlerer Hitze während ca. 1 1/2 Std. backen. Fleisch ab und zu mit Fleisch-Ölsaft beträufeln, nach ca. 3/4 Std. Backzeit wenden.

Fleischklösschen mit Kartoffeln im Ofen

- 1/2 kg Hackfleisch
- 1 Ei
- 2 mittlere Zwiebeln, gerieben
- 2 Knoblauchzehen, durchgepresst
- 2 Scheiben altes Brot, eingeweicht und ausgedrückt
- 3 EL Petersilie, fein geschnitten
- 1/2 kg Tomaten, gehäutet und in kleine Würfel geschnitten
- 1 grüne Paprikaschote, in kleine Würfel geschnitten
- 1 KL Thymian
- 6 mittlere Kartoffeln
- Salz, Pfeffer
- 4 EL Olivenöl

In einer Schüssel die Hälfte der geriebenen Zwiebel, Knoblauch, das Ei, Petersilie, Paprikaschote, Brot, Thymian, Salz und Pfeffer gut mischen.
Kartoffeln schälen, in Scheiben schneiden, mit Salz und Pfeffer bestreuen, auf ein Backblech oder in eine feuerfeste Form geben. Aus dem Hackgemisch Bällchen formen, leicht zwischen beiden Händen andrücken und auf Kartoffeln legen.
Restliche Zwiebel im heissen Olivenöl goldgelb dünsten, Tomaten und etwas Wasser hinzufügen, mit Salz und Pfeffer würzen, während ca. 5 Min. köcheln lassen. Sauce über die Hackbällchen giessen. Bei mittlerer Hitze backen. Wenn Hackbällchen auf der oberen Seite schön braun sind, wenden.

Rindfleisch mit Zwiebeln

1 kg Rindfleisch
6 EL Olivenöl
1/2 kg Zwiebeln, in Ringe geschnitten
3 Knoblauchzehen, ganz
2 EL Essig
Salz, Pfeffer, 1 Zimtstengel

Fleisch waschen, trockentupfen, in Würfel schneiden.
In einem grossen Topf Olivenöl erhitzen, Fleisch darin rundherum kräftig anbraten. Zwiebeln und Knoblauch dazugeben, 5 Min. mitdämpfen. Mit Essig ablöschen, mit Salz und Pfeffer würzen, Zimtstengel und 3 Tassen Wasser beifügen. Zugedeckt während ca. 2 Std. schmoren.

Kaninchen mit Baumnüssen

1 Kaninchen
1/2 Tasse Olivenöl
3 Zwiebeln, in Ringe geschnitten
1/2 Tasse Baumnüsse, grob gehackt, Salz

Für die Marinade:
11/2 Tassen Wein
2 Sellerieknollen, in Scheiben geschnitten
2 Karotten, in mittelgrosse Stücke geschnitten
2 Knoblauchzehen, ganz
1 Zimtstengel
5-6 Nelken
2-3 Lorbeerblätter
2 Zwiebeln, in Ringe geschnitten
5-6 Pfefferkörner

Schon am Vorabend das Kaninchen waschen und in Stücke schneiden. Abtropfen lassen und in der Marinade, die wir aus obengenannten Zutaten hergestellt haben, über Nacht marinieren lassen. In einem Topf Olivenöl heiss werden lassen, Zwiebeln darin goldgelb dünsten, das getrocknete Fleisch dazugeben und auf allen Seiten gut anbraten. Mit dem Wein ablöschen. Baumnüsse und Salz hinzufügen, auf kleinem Feuer weichkochen.

Sardinen vom Ofen mit Zitronen-Ölsauce

1 kg Fisch
2 grosse Zwiebeln, in Ringe geschnitten
Salz, Pfeffer
4 EL Olivenöl
5 EL Zitronensaft
1 EL Oregano

Fisch waschen und rüsten. Mit Salz bestreuen und im Kühlschrank in einem Sieb abtropfen lassen.
Zwiebeln in ein Backbleck oder in eine feuerfeste Form geben, Fisch darauflegen. Mit Pfeffer und Oregano würzen, die gut vermischte Zitronen-Olivenölsauce darüberträufeln, bei mittlerer Hitze im Ofen backen.

Weisse Böhnchen mit Fleisch im Ofen

1 kg Fleisch (Schweins- Rind- oder Lammfleisch)
1/2 kg Weisse Böhnchen
2 Zwiebeln, fein geschnitten
4 reife Tomaten und
3 Scheiben sonnengetrocknete Tomaten, klein geschnitten
2 Knoblauchzehen, fein geschnitten
1/2 Tasse Olivenöl
1 Sträusschen Petersilie
1 Chilischote (bei Bedarf)
Salz, Pfeffer

Weisse Böhnchen während 10 Min. in Salzwasser kochen, Wasser wegschütten.
Fleisch waschen, in Stücke schneiden, in ein tiefes Backblech oder eine feuerfeste Form geben. Böhnchen, Zwiebeln, Tomaten, Knoblauch, Olivenöl, Petersilie, und Paprikaschote dazugeben, mit Salz und Pfeffer würzen.
Alles gut mit Wasser eindecken, mit Alufolie zudecken, bei mittlerer Hitze während ca. 2 Std. garkochen. Kurz vor Ende der Kochzeit Alufolie entfernen und noch weitere 15 Min. im Ofen belassen.

Fleischsuppe mit Gemüse

1/2 kg Fleisch (Lamm- oder Rindfleisch)
4 EL Olivenöl
2 grosse Zwiebeln, in Ringe geschnitten
2 Sellerieknollen, in Scheiben geschnitten
2 Lauchstengel, in mittelgrosse Stücke geschnitten
2 Karotten, in Scheiben geschnitten
3-4 mittlere Kartoffeln, in Scheiben geschnitten
Salz

Fleisch waschen und in kleine Würfel schneiden.
In eine grosse Pfanne legen, mit Wasser zudecken. Mit Salz würzen und weichkochen. Ab und zu Schaum entfernen, der sich während des Kochens bildet.
In einer anderen Pfanne Zwiebeln in heissem Öl goldgelb dünsten, das Gemüse in folgender Reihenfolge hinzufügen: zuerst Sellerie und Lauch kurz dünsten, dann Karotten und Kartoffeln zufügen. Alles während ca. 10-15 Min. dünsten. Zum Fleisch geben, bei Bedarf etwas Wasser hinzufügen, alles zusammen weichkochen.

Fisch und Gemüse

1 grosser Fisch ca. 1 kg. (Brasse, Seeteufel, Weissling etc.)
4 EL Olivenöl
2 Karotten, in mittelgrosse Stücke geschnitten
3 Kartoffeln, in Scheiben geschnitten
1 Sellerieknolle, in kleine Stücke geschnitten
2 Zwiebeln, in Ringe geschnitten
3 Knoblauchzehen, ganz
Salz, Pfeffer
Saft 1 Zitrone

Fisch schuppen, ausnehmen, waschen und in Stücke schneiden.
Zwiebeln in der Hälfte des Olivenöls goldgelb dünsten. Karotten, Kartoffeln, Sellerie, Knoblauch hineingeben, 2 Tassen Wasser beifügen. Während ca. 1/4 Std. köcheln lassen, den Fisch und die andere Hälfte des Öles hineingeben, mit Salz und Pfeffer würzen, während 20 Min. köcheln lassen. Vom Feuer nehmen und Zitronensaft zufügen.

Lammfleisch mit Yoghurt

1 kg Lammfleisch
1/2 kg griechischer Yoghurt (Quark)
4 EL Olivenöl
Salz

Fleisch waschen, in Stücke schneiden, trockentupfen. Olivenöl erhitzen, Fleisch auf kleinem Feuer braten bis es weich ist. Yoghurt über das Fleisch giessen, mit Salz abschmecken, noch während einigen Minuten köcheln lassen.

Mykenischer Fleisch-Zwiebeltopf

Im Sommer 1999 fand im Archäologischen Museum in Athen die erste Ausstellung mit dem Thema "Die Mykener und ihre Gerichte" statt. Verantwortlich für diese einmalige Ausstellung war der Archäologe Giannis Tsedakis. Aufgrund verschiedener Gegenstände und Laboruntersuchungen konnte bewiesen werden, dass das Olivenöl bei den Kretern schon in der minoischen Epoche eine grosse Rolle gespielt hatte, also bereits 2000 Jahre v. Chr. Unter anderem beeindruckten den Museumbesucher die Rezepte, die ihn in die Kochgewohnheiten der Minoer und der Mykener einführten.

1 kg Schweinefleisch
1/2 Tasse Olivenöl
1 kg Zwiebeln, grob gehackt
2 Knoblauchzehen, fein geschnitten
2 Lorbeerblätter
2 Tassen Wein
Salz, Pfeffer, Kümmin

Fleisch waschen und in Stücke schneiden. Olivenöl, grobgehackte Zwiebeln und Lorbeerblätter in einen Topf geben. Einige Minuten dünsten, dann trockengetupftes Fleisch und Knoblauch hinzufügen. Fleisch öfter wenden, bis sich die Poren geschlossen haben, dann mit Wein ablöschen. Mit Salz, Pfeffer und Kümmin würzen, auf kleinem Feuer während ca. 2 Std. schmoren.

OLIVENÖL ALS RAHMERSATZ

Der griechische Erfindungsreichtum hat dazu beigetragen, dass die Leute allerlei Einfälle hatten, die ihnen dazu dienten, das Beste aus den von ihnen angebauten Produkten zu machen und ihre Bedürfnisse der Auswahl anzupassen. So ist es denn wohl nicht erstaunlich, dass die Griechen sämtliche tierische Fette durch das Olivenöl ersetzte haben, das inzwischen aufgrund seiner Gesundheit von allen Diätologen aufs wärmste empfohlen wird! Das sehr bekömmliche Eigenaroma des Olivenöls wird durch die ideale Harmonie zwischen den Zutaten eines Gerichtes noch speziell hervorgehoben.

In diesem Kapitel werden Sie einige Rezepte finden, in denen das wohlausgewogene Verhältnis der einzelnen Zutaten den Gerichten eine spezielle Note verleiht, wobei das Thema natürlich keineswegs erschöpft ist. Die Rezepte sollen lediglich Beispiele geben, wie das Olivenöl, dieses wertvolle, flüssige Gold in unserer Küche zur Gewohnheit werden kann!

Fleisch mit Kartoffeln und Karotten in Eier-Zitronensauce

- 1 kg Fleisch (Lamm- oder Rindfleisch)
- 4 EL Olivenöl
- 2 Zwiebeln, in Ringe geschnitten
- 3 Karotten, in mittelgrosse Stücke geschnitten
- 1 kg Kartoffeln, geviertelt
- 2-3 Lorbeerblätter
- 1 KL Thymian
- Salz, Pfeffer
- 2 Eier und 2 Zitronen

Fleisch und Zwiebeln im Olivenöl gut anbraten. Mit Wasser zudecken und während ca. 30-40 Min. schmoren. Karotten, Kartoffeln, Lorbeerblätter, Salz und Pfeffer beigeben, eine weitere halbe Stunde köcheln lassen.

Eier-Zitronensauce: Eigelb verquirlen, unter ständigem Rühren Eiweiss und Zitronensaft und etwas vom Fleischsud dazugeben.

Topf vom Feuer nehmen, Eier-Zitronensauce beigeben und Pfanne mehrmals schwenken, damit sich die Sauce gut verteilen kann.

Gericht mit Thymian würzen.

Hühnchen mit Petersilie (oder Dill)

1 Hühnchen, zerteilt
1 kg Petersilie, grossblättrig
5-6 EL Olivenöl
5-6 Frühlingszwiebeln, fein geschnitten
Salz, Pfeffer
2 Eier
2 Zitronen

Petersilie waschen und fein schneiden. Fleisch waschen, trockentupfen und zusammen mit den Zwiebeln in einen Topf mit heissem Olivenöl geben. Leicht anbraten, Petersilie und genügend Wasser hinzufügen. Während ca. 1 Std. köcheln lassen oder bis das Fleisch weich ist. Gegen Ende der Kochzeit mit Salz und Pfeffer abschmecken. Eier-Zitronensauce (s. Lammfleisch mit Artischocken) zubereiten, Gericht vom Feuer nehmen und Sauce in den Topf geben. Pfanne mehrmals schwenken.

Lammfleisch mit Artischocken und Eier-Zitronensauce

1 kg Lammfleisch
3 EL Olivenöl
1 Zwiebel oder 5-6 Frühlingszwiebeln
10 Artischockenherzen
Salz, Pfeffer
2 Eier
Saft 2 Zitronen

Artischockenherzen waschen, mit Zitronensaft einreiben damit sie nicht schwarz werden.
Fleisch waschen und in Würfel schneiden. Fett wegschneiden.
Öl erhitzen, Zwiebeln und trockengetupftes Fleisch leicht anbraten. 1-2 Tassen heisses Wasser dazugeben, Fleisch während ca. 1/2 Std. köcheln lassen. Artischockenherzen, Salz, Pfeffer und bei Bedarf etwas Wasser beigeben, eine weitere 1/2 Std. köcheln lassen.
Wenn das Essen fertig gekocht ist, Eier-Zitronensauce zubereiten: Eiweiss verquirlen, unter ständigem Rühren langsam Eigelb hinzufügen. Einige Löffel Fleischbrühe vom Topf beigeben, damit die Eier-Zitronensauce warm wird, die Pfanne vom Herd nehmen und die Sauce in den Topf geben. Pfanne mehrmals schwenken, damit sich die Sauce gut verteilen kann.

Kichererbsen mit Zitronensauce

1/2 kg Kichererbsen
1/2 Tasse Olivenöl
1 Zwiebel, fein geschnitten
Salz, Pfeffer
1 EL Mehl
Saft 2 Zitronen

Kichererbsen über Nacht in Wasser einweichen.
Wasser wegschütten, Zwiebeln in Olivenöl dünsten, Kichererbsen beifügen, mit Wasser zudecken und weichkochen.
Mehl im Zitronensaft auflösen, etwas Sud von der Pfanne beifügen, unter die Kichererbsen rühren. Mit Salz und Pfeffer würzen, während weiteren 5 Min. köcheln lassen, bis die Sauce gebunden ist.

OLIVENÖL IM TEIG

Süsse und pikante Küchlein kennzeichnen die Küche Nordgriechenlands, obwohl in jenen Gebieten keine Oliven kultiviert werden und infolgedessen das Olivenöl früher, als es noch nicht so viele Transportmöglichkeiten gab wie heute, nicht leicht zu finden war. Das erklärt dann wohl auch die Tatsache, dass die Nordgriechen früher anstelle des goldenen Olivensaftes andere Fette benutzten. Inzwischen haben aber auch die Nordgriechen ihre Gewohnheit auf diesem Gebiet geändert.

In den südlicheren Teilen Griechenlands und hauptsächlich auf den Inseln sind die Küchlein schon seit Menschengedenken hauptsächlich mit Olivenöl gebacken worden. Küchlein sind vor allem bei Nomadenvölkern beliebt. So ernähren sich auch die Sarakatsanen, ein Nomadenvolk, das auch heute noch im nördlichen Raum Griechenlands anzutreffen ist, hauptsächlich mit Küchlein verschiedener Art, da sie den Umständen entsprechend die einfachste Lösung für die Zubereitung der täglichen Mahlzeit sind. Das Olivenöl ist selbstverständlich ausschlaggebend für die Qualität tiefgebackener Mahlzeiten, was sogar die Sarakatsanen dazu veranlasste, das begehrte Öl auf dem Markt zu kaufen.

Die Küchlein, die wir Ihnen in diesem Kapitel vorstellen möchten, zeugen von einem breiten Fächer an Zutaten, denen sich die Griechen zur Zusammenstellung ihres täglichen Speisezettels bedienen. Einige dieser Zutaten mögen Ihnen etwas fremd vorkommen, wie z. B. die Ölküchlein, ein von der zykladischen Küche nicht wegzudenkendes Rezept. Der Name dieser Küchlein allein lässt erahnen, welch wichtige Rolle das Olivenöl bei der Zubereitung dieser Mahlzeit spielt.

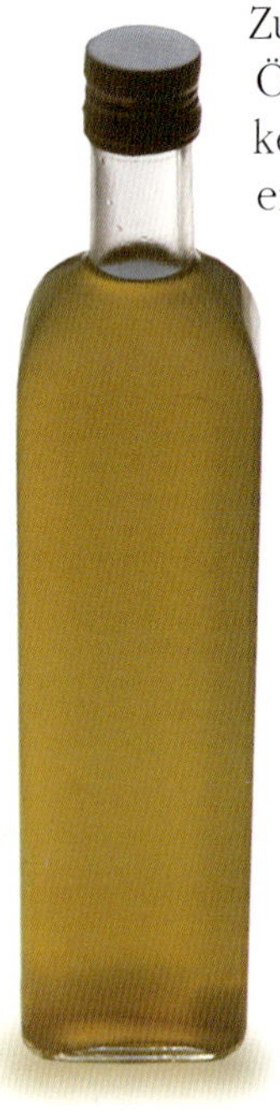

Käsekuchen mit Olivenöl

Teig:

1	Ei
3	EL Olivenöl
1/2	KL Salz
1	Tasse Mehl
4-5	EL Milch

Füllung:

1/2	kg Feta
3	Eier
1/2	Tasse Milch
4	EL Olivenöl
3-4	EL Griess

Zutaten für den Teig gut mischen und zu einem geschmeidigen Teig verarbeiten. Ruhen lassen. (Es kann auch fertiger Teig verwendet werden)
Für die Füllung zerbröckelte Feta in eine tiefe Schüssel geben, verquirlte Eier, Milch, Olivenöl und Griess zufügen. Zu einer sämigen Masse rühren.
Den Teig auswallen und auf ein eingefettetes Backblech legen. Füllung daraufgeben, 1-2 verquirlte Eier darübergiessen. Bei mittlerer Hitze backen, kalt servieren.

Ölkuchen von den Zykladen

- 11/2 Tassen Wasser
- 11/2 Beutelchen Trockenhefe
- Salz
- 1/2 Tasse Olivenöl
- 800 gr Mehl, am besten Weizenmehl
- 1 Zwiebel, gerieben
- 2-3 mittlere Tomaten, gehäutet und in kleine Würfel geschnitten
- 1 TL Oregano
- 100 gr Feta (bei Bedarf)

Hefe in lauwarmem Wasser auflösen, die Hälfte des Öles, Salz und Mehl dazugeben, zu einem elastischen Teig verarbeiten.
Ein eingefettetes Backblech mit dem Teig auslegen, indem wir ihn mit den

Fingerspitzen "verteilen". Für einige Zeit ruhen lassen, damit der Teig aufgehen kann. Zwiebeln, Tomatenwürfel und Oregano auf den Teig streuen und mit dem restlichen Olivenöl beträufeln. Bei mittlerer Hitze backen. Bei Bedarf etwas Feta unter die Tomatenwürfel geben, bevor wir letztere auf den Teig geben.

Gemüseküchlein

Füllung:

1 kg Spinat oder Lauch etc.
5-6 Frühlingszwiebeln
1/2 Tasse Dill, fein geschnitten
1/2 Tasse Fenchelkraut, fein geschnitten
1/2 Tasse Olivenöl
Salz, Pfeffer
1/2 Tasse Paniermehl
200 gr Feta

Teig:

1/2 Tasse Wasser
Abgeriebenes und Saft
1 Zitrone
1/2 KL Salz
2 Tassen Mehl

Zutaten zu einem Teig verarbeiten und ruhen lassen.
Gemüse waschen, abtropfen lassen und in kleine Streifen schneiden.
Olivenöl in einer Pfanne erhitzen, Gemüse dazugeben. Auf kleinem Feuer während 1/4 Std. dämpfen. Säfte wegschütten, mit Salz und Pfeffer würzen, Paniermehl und Feta beifügen.
Teig in zwei Hälften teilen, wobei die eine etwas grösser sein soll. Teig auswallen, mit der grösseren Hälfte das eingefettete Backblech auslegen, Teig an den Wänden hochziehen und mit der Füllung belegen. Teigdeckel darauflegen, mehrmals mit Gabel einstechen und auf der Seite gut zusammendrücken. Mit einem Pinsel Olivenöl auftragen, mit einem scharfen Messer Teig einschneiden. Bei mittlerer Hitze goldgelb backen.

Kürbiskuchen

- 1 kg Kürbis
- 1 KL Salz
- 4 EL Olivenöl
- 1 Zwiebel, gerieben
- 1 Paprikaschote, gerieben
- 1/2 Tasse Dill oder Pfefferminze, fein geschnitten
- 4 Eier
- 1/2 Tasse Käse, gerieben
- 1/2 Tasse Paniermehl

Teig:

- 1/2 Tasse Olivenöl
- 1/2 Tasse Milch
- 1/2 KL Salz
- 1/2 kg Mehl mit Backpulver

Am Vorabend Kürbis reiben und salzen. Über Nacht Wasser ziehen lassen. Am nächsten Tag die restichen Zutaten beifügen.
Einen elastischen Teig herstellen, in zwei Hälften teilen, wobei die eine etwas grösser sein soll. Den grösseren Teig auswallen und auf ein eingefettetes Backblech legen. Ränder hochziehen.
Füllung auf den Teig geben und mit der zweiten Hälfte des Teiges zudecken. Teig am Rand mit einer Gabel gut zusammendrücken. Deckel mit Eigelb bestreichen, mit einem scharfen Messer einschneiden und im vorgeheizten Ofen während ca. 1 Std. backen.

Käse-Brot

3 EL Olivenöl
1 Tasse Wasser
250 gr Feta
1 Beutelchen Trockenhefe
1/2 kg Mehl

Hefe im lauwarmen Wasser auflösen, Olivenöl und Mehl zufügen und zu einem Teig verarbeiten. Zerbröckelte Feta beifügen, gut unter den Teig arbeiten. Teig auf ein kleines, gut eingefettetes Backblech legen, mit den Fingerspitzen "in Form ziehen". Bei Bedarf mit einem scharfen Messer einschneiden, 1/2 Std. aufgehen lassen. Mit einem verquirlten Eigelb, dem wir 1 EL Olivenöl zugefügt haben, bestreichen. Bei mittlerer Hitze während ca. 1/2 Std. backen.

Käsekuchen vom Ofen

Teig:

1/2 Tasse Yoghurt
1/2 Tasse Olivenöl
1/2 KL Salz
Saft 1 Orange
1/2 KL Soda
ca. 1/2 kg Mehl

Füllung:

350 gr Feta
1 Ei

Mit dem Yoghurt und Öl, der Soda, die wir vorher im Orangensaft aufgelöst haben, dem Salz und dem Mehl einen weichen Teig herstellen.

Feta zerbröckeln, Ei verquirlen, beide Zutaten gut mischen.

Aus dem Teig Bällchen machen und auswallen. Es sollte untertassengrosse Plätzchen geben. Auf jedes Plätzchen 1 EL Füllung geben. Teigränder mit Wasser anfeuchten, die eine Hälfte des Teiges auf die andere legen, so dass ein Halbmond entsteht, festdrücken. Halbmöndchen auf ein eingefettetes Blech legen, mit Eiweiss bestreichen und bei mittlerer Hitze goldgelb backen.

Spinatküchlein vom Ofen

Für den Teig:

1/2 Tasse Wasser
5 EL Olivenöl
1 Ei

1 KL Salz
1/2 kg Mehl mit Backpulver

Für die Füllung:

1 kg Spinat
1 Zwiebel, fein geschnitten oder
5 Frühlingszwiebeln
4 EL Olivenöl
1 Bund Petersilie, fein geschnitten
1/2 Greyerzer, gerieben oder Feta
wenig Salz, Pfeffer

Mehl, Öl, Wasser, Eier und Salz zu einem elastischen Teig verarbeiten. 1 Std. ruhen lassen.
Inzwischen die Füllung vorbereiten. Spinat säubern, waschen und in Streifen schneiden. In wenig Wasser während 5 Min. blanchieren, abtropfen lassen. In einem Topf Olivenöl erhitzen, Zwiebeln andämpfen, Spinat hinzufügen und für kurze Zeit mitdämpfen. Petersilie, Salz und Pfeffer beigeben, vom Feuer nehmen. Den zerbröckelten Feta oder den geriebenen Greyerzer unterrühren. Teig in kleine Teile schneiden, 2-3 mm dick auswallen, untertassengrosse Plätzchen ausschneiden, mit 1 EL Füllung belegen, Teigränder anfeuchten und die eine Hälft des Teiges auf die andere legen, gut andrücken. Halbmöndchen mit Olivenöl bestreichen und bei mittlerer Hitze während ca. 1/2 Std. goldgelb backen.

Reisküchlein

1/2 kg Reis
8 Eier
400 gr Käse, gerieben
1/2 KL Salz
1/2 Tasse Olivenöl
1/2 kg gekaufter Filoteig (Strudelteig)

Reis während 5-6 Min. in viel Wasser kochen. Reis sollte noch körnig sein. Mit kaltem Wasser abschrecken, abtropfen lassen. Verquirlte Eier, Käse, Salz und 3 EL Olivenöl untermischen.
3 Filoteigblätter auf ein eingefettetes Backblech legen (jedes einzelne Blatt wird mit Olivenöl bestrichen) mit 1/3 der Füllung belegen. Das Ganze wird noch zwei Mal wiederholt. Den Schluss bilden 3 Blätter Filoteig. Oberste Teigschicht einschneiden, Kuchen bei mittlerer Hitze während ca. 1 Std. goldgelb backen.

GEMÜSE MIT OLIVENÖL

Die orthodoxe Kirche schreibt ihren Gläubigen vor, grosse Mengen von Gemüse zu essen. Der Genuss von Gemüse ist selbstverständlich während der strengen Fastenzeit erlaubt. So hat sich über die Jahre eine Essensgewohnheit entwickelt, die sowohl mit der Religion als auch mit den herkömmlichen Produktionsgewohnheiten in Einklang steht. In Griechenland steht der Genuss von Gemüse in engstem Zusammenhang mit dem Genuss von Olivenöl. Die Insel Kreta, wie schon oben erwähnt, ist das beste Beispiel für die Mittelmeerküche, auf deren täglichem Speisezettel Gemüse steht. Das soll aber bei weitem nicht heissen, dass sich die Mittelmeerleute monoton ernähren. Ganz im Gegenteil: das bedeutet Einfallsreichtum und Talent bei der Zusammenstellung des Speisezettels. Denn wenn wir sagen, die Mittelmeervölker ernähren sich zu einem grossen Teil von Gemüse meinen wir nicht, dass es sich dabei um zwei oder drei verschiedene Gemüsesorten handelt. Die Griechen stützen sich auf eine Vielfalt von Gemüsen, die sie auf vielerlei Arten zubereiten und kombinieren.

Ofenkartoffeln mit Oregano-Öl

- 11/2 kg Kartoffeln
- 1/2 Tasse Olivenöl
- 1 KL Salz
- Pfeffer, 2 EL Oregano
- Saft 2 Zitronen

Kartoffeln schälen, waschen und in dünne Scheiben schneiden. In ein Backblech oder eine feuerfeste Form geben. Salz, Pfeffer und Oregano darüberstreuen. Olivenöl, Zitronensaft und 1 Tasse Wasser gut verrühren, über Kartoffeln giessen. In den vorgeheizten Ofen schieben, nach einiger Zeit Hitze reduzieren und bei mittlerer Hitze fertigbacken.

Gebratene Paprikaschoten mit Yoghurtsauce

- 10 Paprikaschoten (am besten die roten, süsslichen)
- 2 Knoblauchzehen
- 1 KL Salz
- 300 gr griechischer Yoghurt (Quark)
- 3 EL Olivenöl
- 1 EL Essig

Paprikaschoten waschen, Stiel und Kerne entfernen, trockentupfen und grillieren.

Knoblauchzehen durchdrücken, zu Salz, Yoghurt, Olivenöl und Essig geben, gut mischen.
Sauce über Paprikaschoten giessen.

Kartoffelbrei mit Olivenöl

1 kg Kartoffeln
3/4 Tasse Olivenöl
(am besten schmeckt dazu ein Kräuteröl mit Thymian oder anderen Kräutern)
3/4 Tasse Milch
3/4 Tasse Greyerzer, gerieben nach Belieben
Salz, Pfeffer

Kartoffeln kochen, abtropfen lassen schälen und pürieren. Langsam das Kräuteröl und die Milch hinzufügen, mit Salz und Pfeffer abschmecken, den Käse beigeben, gut mischen.

Auberginen vom Ofen

2 grosse Auberginen
3-4 mittlere Kartoffeln
1/2 kg Tomaten, enthäutet und in kleine Würfel geschnitten
1 Zwiebel, fein geschnitten
3 EL Olivenöl
Salz, Pfeffer, Oregano, Kümmin
150 gr Feta, zerbröckelt
1 Tasse Olivenöl zum Backen

Auberginen in Scheiben schneiden, für kurze Zeit in Salzwasser einlegen.
Kartoffeln in Scheiben schneiden, leicht anbraten. Auf Küchenpapier abtropfen lassen, in ein Backblech oder eine feuerfeste Form legen. Mit Salz würzen.
Auberginen abtropfen lassen, im heissen Olivenöl leicht anbraten, auf Küchenpapier abtropfen lassen. Auf Kartoffeln anrichten. Leicht salzen.
Zwiebel in wenig Wasser während ca. 5 Min köcheln lassen. Wenn das Wasser verdampft ist, Olivenöl und Tomaten hinzufügen. Mit Salz, Pfeffer, Kümmin und Oregano würzen. Wenn die Sauce dicklich ist, vom Feuer nehmen und die Feta untermischen.
Sauce über die Auberginen giessen, während ca. 1/2 Std. bei mittlerer Hitze backen.

Gerstenbrot mit Tomaten und Olivenöl

Über Paximadi oder griechischen Zwieback wird ausführlich im Kapitel "Salate" geschrieben. Das Paximadi, das für das unten erwähnte Rezept verwendet wird, wird meist in Form eines Ringes hergestellt und besteht aus Gerstenmehl.

Der Gerstenmehl-Ring mit Tomaten ist auf Kreta sehr bekannt. Er erfreut sich aber auch in anderen Gebieten Griechenlands ständig zunehmender Beliebtheit.

- 2 Paximadia (griechischer Zwieback)
- 2 reife Tomaten
- 2 EL Olivenöl
- Salz, Oregano
- 100 gr Feta, zerbröckelt

Paximadi in einen Teller legen und mit wenig Wasser anfeuchten. Tomaten reiben, auf Paximadi geben. Mit Olivenöl beträufeln, Feta darauflegen, mit Salz und Oregano würzen. Kann ganz oder in kleine Stücke geschnitten serviert werden.

Spinat mit Yoghurt

- 300 gr Spinat
- 1 Zwiebel, fein geschnitten
- Nach Belieben:
- 2 EL Baumnüsse, grob gekackt
- Salz, Pfeffer
- 250 gr griechischer Yoghurt (Quark)
- 1 Knoblauchzehe, durchgedrückt
- 1 EL Olivenöl
- 1 EL Zitronensaft

Spinat säubern, waschen und in wenig Wasser während 3 Min. blanchieren. Abtropfen lassen und im heissen Olivenöl kurz an-

dämpfen. (Wenn wir Baumnüsse verwenden, dieselben vor dem Spinat in den Topf geben) Spinat mit Salz und Pfeffer würzen. Wenn die Flüssigkeit im Topf verdampft ist, den Topf vom Feuer nehmen.
Spinat noch warm servieren. Knoblauch, Yoghurt, Salz, Öl und Zitronensaft gut mischen, zum Spinat reichen.

Auberginen, mit Hackfleisch gefüllt

6 grosse Auberginen
6 EL Olivenöl
1 grosse Zwiebel, in Ringe geschnitten
250 gr Hackfleisch (Rind- oder Schaffleisch)
3 Knoblauchzehen, durchgedrückt
3-4 EL Mandeln, grob gehackt
4 mittlere Tomaten, enthäutet und in kleine Würfel geschnitten
Salz, Pfeffer, Zimt
1 EL Petersilie, fein geschnitten
1 EL Pfefferminze, fein geschnitten
1 grüne Paprikaschote
1 Tomate (letztere zwei Zutaten zum Dekorieren)

Stiel von Auberginen entfernen, waschen und kreuzweise einschneiden. Dabei achten wir darauf, dass wir die Auberginen nicht ganz durchtrennen. Die Einschnitte salzen, 1-2 Std. ruhen lassen.
In einer Schüssel alle Zutaten für die Füllung gut mischen. (Hackfleisch, Zwiebel, Knoblauch, Mandeln, Tomaten, Petersilie, Pfefferminze, 2 EL Olivenöl, Salz, Pfeffer und Zimt)
Auberginen abtropfen lassen, im heissen Olivenöl leicht anbraten. Auf ein Küchenblech oder in eine feuerfeste Form geben, die Einschnitte auseinanderziehen, Füllung sorgfältig in die Öffnungen geben. Tomaten und Paprikaschoten in Ringe schneiden, jede Aubergine damit dekorieren.
Auberginen mit 4 EL Olivenöl und 4 EL Wasser beträufeln, Backblech mit Alufolie abdecken und bei mittlerer Hitze während 1/2 Std. backen. Die Alufolie entfernen und eine weitere 1/2 Std. backen.

Gefüllte Paprikaschoten mit Käse

1 kg grüne, längliche Paprikaschoten
4 EL Olivenöl
1/2 Tasse Feta, zerbröckelt
1/2 Tasse Käse, gerieben
1 Zwiebel, fein geschnitten
1 EL Petersilie, fein geschnitten
1/2 Tasse Tomatenmark
Pfeffer

Paprikaschoten waschen, Stiel und Kerne entfernen, während 5 Min. in wenig Wasser blanchieren. Abtropfen und auskühlen lassen.
Zwiebel in heissem Olivenöl dämpfen, Tomatenmark, Petersilie, Feta und Käse beifügen und mit Pfeffer würzen. Während 5 Min. köcheln lassen.
Paprikaschoten füllen, mit etwas Öl beträufeln und im Ofen oder in einer Bratpfanne backen.

Kartoffeln mit Zwiebeln

11/2 kg Kartoffeln, vierteln
1/2 Tasse Olivenöl
3 mittlere Zwiebeln, in Ringe geschnitten
1 Knoblauchzehe, fein geschnitten
5 mittlere Tomaten, enthäutet und in kleine Würfel geschnitten
2 Lorbeerblätter
Salz, Pfeffer

Zwiebeln in heissem Öl dämpfen. Knoblauch, Tomaten, Kartoffeln, Lorbeerblätter, Salz und Pfeffer hinzufügen. 2 Tassen Wasser darübergiessen, Gemüse weichkochen. Das Gemüse während dem Kochen nicht rühren, damit die Kartoffeln nicht zerfallen. Lediglich ab und zu die Pfanne schwenken, damit sich die Flüssigkeit gut verteilen kann.

Dieses Gericht kann auch in einer feuerfesten Form im Ofen zubereitet werden.

OLIVENÖL FÜR DAS GEBÄCK

Noch heute macht es den Touristen Eindruck wenn sie hören, dass die Kreter zur Herstellung ihres herkömmlichen Gebäcks Olivenöl verwenden. Und früher, als der Zucker nur schwer erhältlich war und dementsprechend natürlich auch teuer, galten der Honig und gekochter Most als die üblichen Süssungsmittel. Also, keine Butter sondern Olivenöl und Honig oder gekochter Süssmost an Stelle des Zuckers, kein Wunder, dass da mancher Tourist ganz entsetzt den Kopf schüttelt und dankend ablehnt! Wenn er nur wüsste, was er dabei verpasst!

Viele Hausfrauen verwenden raffiniertes Olivenöl aus Angst, ihr Gebäck nehme zu viel des Olivengeschmackes an. Wenn sie aber Extra Virgin Olivenöl, also das Öl mit der besten Qualität, benutzen, wird Ihr Gebäck ganz bestimmt keinen "öligen" Beigeschmack haben.

Neujahrskuchen mit Olivenöl

Der Neujahrskuchen ist der Höhepunkt der ersten Mahlzeit des Jahres und erfreut sich in ganz Griechenland grosser Beliebtheit. Allerdings gibt es für diesen Kuchen verschiedene Ausführungen, je nach Gegend. Ein in Alufolie gewickeltes Geldstück wird im Kuchen versteckt. Den glücklichen Finder dieses Geldstücks wird das Glück durch das ganze Jahr begleiten. Diesen Brauch gab es schon bei den alten Griechen und noch nach guten 2500 Jahren halten die heutigen Griechen mit derselben Begeisterung an ihm fest. Bei den alten Griechen war es üblich, an wichtigen Feiertagen Geldstücke in Brote zu stecken und dieselben den Göttern darzubringen. In späteren Jahren feierten die Römer die Saturnalien (die Römer hatten das Fest des Kronus übernommen und auf ihren Gott Saturn umgetauft) während denen Lose verteilt wurden, um den "König der Feier" zu ernennen. Der Neujahrskuchen wird vom Familienoberhaupt aufgeschnitten, eine fast zeremonielle Handlung, bei der das erste Stück Kuchen Jesus geopfert wird, das zweite der Jungfrau Maria, das dritte dem hl. Vassili (dessen Namenstag es auch ist). Denen folgen je ein Stück für das Haus und für jedes einzelne Familienmitglied, wobei man beim ältesten Mitglied anfängt und beim jüngsten aufhört.

- 11/2 Tassen Olivenöl
- 2 Tassen Zucker
- 6 Eier
- 3 Päckchen Vanillezucker
- Saft und Abgeriebenes 2 Orangen
- 1/2 Tasse Milch
- 1/2 kg Mehl mit Backpulverzugabe

Olivenöl und Zucker schaumig rühren, Eigelb, Orangensaft und Abgeriebenes, Mehl, Milch und Vanille hinzufügen und gut mischen. Das steife Eiweiss darunterheben. In eine eingebutterte Springform (30cm) geben. Nicht vergessen, das Geldstück in die Masse zu drücken.
Der Kuchen wird bei mittlerer Hitze während ca. 1 Std. gebacken.

Baklavas mit Olivenöl

Baklavas ist ein sehr bekanntes griechisches Gebäck, das seine Wurzeln in der altgriechischen Küche zu haben scheint. In jener Zeit war es üblich, verschiedene Zutaten in Strudelteig (Filo) einzuwickeln oder für das Gebäck ein Backblech mit vielen Lagen des dünnen Teiges auszulegen, darauf eine süsse Füllung zu geben und dasselbe wieder mit einigen Lagen Filo zuzudecken. Gastrin, (ein solches Gebäck, das auf Kreta bekannt war) wurde bereits von Athenaio, einem während der römischen Herrschaft in Athen lebenden Schriftsteller erwähnt.

1 kg Baumnüsse, grob gehackt
1/2 Tasse Zucker
1/2 Tasse Paniermehl
2 EL Zimt- und Nelkenpulver

1/2 kg Fillo, (Strudelteig) fertig gekauft
Olivenöl zum Bestreichen (ca. 3/4 Tasse)

Sirup:
1 Tasse Honig
1/2 Tasse Zucker
3/4 Tasse Wasser
2 EL Zitronensaft

Zutaten für den Sirup gut mischen.
Ein Backblech gut einfetten, 4 Blätter Teig, die jede einzeln mit Olivenöl bepinselt wird, aufeinanderlegen. (Es wird empfohlen, schnell zu arbeiten, damit die dünnen Teigblätter nicht zu lange an der Luft bleiben, da sie sonst austrocknen) Eine dünne Lage der Füllung auf die Teigblätter geben, neue Lagen Teigblätter, jedes einzelne mit Öl bepinselt, daraufgeben. So weitermachen, bis nur noch 4 Teigblätter zum Abschluss bleiben. Vierecke in den Teigdeckel schneiden, die oberste Schicht reichlich mit Öl bepinseln, bei mittlerer Hitze goldgelb backen.
In der Zwischenzeit den Sirup zu bereiten. Alle Zutaten während 5-10 Min. köcheln lassen. Den heissen Sirup über den fast erkalteten Baklavas giessen.

Karottenkuchen

1/2 Tasse Olivenöl
1/2 Tasse Zucker
1 KL Zimt
1 KL Abgeriebenes 1 Orange
3/4 Tasse Orangensaft
1/2 Tasse Karotten, gerieben
1/2 Tasse Äpfel, gerieben
3/4 Tasse Rosinen
1/2 Tasse Baumnüsse, grob gehackt
4 EL Kognak
11/2 Tassen Mehl
2 KL Backpulver

Zucker und Olivenöl schaumig schlagen, Zimt, Abgeriebenes von der Orange, Orangensaft, Karotte, Apfel, Rosinen, das im Kognak aufgelöste Backpulver und das Mehl dazugeben und gut mischen. In eine eingefettete Kuchenform geben, bei mittlerer Hitze während ca. 1 Std. backen.

Yoghurtkuchen mit Olivenöl

1/2 Tasse Olivenöl
1 Tasse Zucker
5 Eier
250 gr Yoghurt
3 KL Backpulver
Abgeriebenes 1 Zitrone
11/2 Tassen Mehl

Olivenöl und Zucker schaumig rühren, Eigelb, Abgeriebenes, Yoghurt und das mit dem Backpulver vermischte Mehl dazugeben, gut verrühren.
Das steifgeschlagene Eiweiss sorgfältig darunterziehen, die Masse in ein gut eingefettetes Kuchenblech (30 cm) geben und bei mittlerer Hitze während ca. 1 Std. backen.

Rosinenkuchen

1 1/2 Tassen Olivenöl
1 1/2 Tassen Zucker
2 Tassen Orangensaft
2 KL Soda
1 Tasse Zimtwasser: 2 Zimtstengel während 2-3 min. in 1 Tasse Wasser Kochen, Zimtstengel entfernen.
4 EL Kognak
2 KL Backpulver
1 EL Zimt- und Nelkenpulver
1 KL Abgeriebenes 1 Orange
bei Bedarf 1/2 Tasse Baumnüsse, grob gehackt
1 Tasse Rosinen
1 kg Mehl

Zutaten gut mischen, in eine gut eingefettete Kuchenform geben, (Nr 40) bei mittlerer Hitze während ca. 1 Std. und 20 Min. backen.

Apfelkuchen mit Olivenöl

1/2 Tasse Olivenöl
1 Tasse Zucker
5 Eier

1 KL Zimt-Nelkenpulver
1 KL Soda
1 Zitrone Saft
3 EL Kognak
1 1/2 Tassen Mehl
2 KL Backpulver
1 kg Äpfel, in kleine Würfel geschnitten
2 Birnen, gerieben oder 1 Birne und 1 Quitte.

Olivenöl und Zucker schaumig rühren, Eigelb, Zimt-Nelkenpulver, die im Zitronensaft aufgelöste Soda, das im Kognak aufgelöste Backpulver und das Mehl zufügen und gut mischen. Das steifgeschlagene Eiweiss sorgfältig darunterheben.

Die halbe Masse in eine gut gefettete Kuchenform geben, die Früchte auf den Teigboden geben und mit der anderen Hälfte der Teigmasse zudecken. Bei mittlerer Hitze während ca. 1 Std. backen.

Baumnusskuchen mit Olivenöl

1 Tasse Olivenöl
1 Tasse Zucker
6 Eier
1 Tasse Milch
1 KL Zimt-Nelkenpulver

1 Tasse Baumnüsse, fein gemahlen
3 Tassen weiches Mehl
3 KL Backpulver

Sirup:

1 Tasse Zucker
1 EL Honig
1/2 Tasse Wasser
1 EL Zitronensaft

Olivenöl und Zucker schaumig rühren, Eigelb, Zimt-Nelkenpulver, Baumnüsse, das in der Milch aufgelöste Backpulver und das Mehl unterrühren, gut mischen. Das steifgeschlagene Eiweiss sorgfältig darunterheben. In eine gut eingefettete Kuchenform geben und bei mittlerer Hitze während ca. 1 Std. backen.

In der Zwischenzeit machen wir den Sirup mit den oben angegebenen Zutaten. Den Sirup erst über den Kuchen geben, wenn jener bereits etwas abgekühlt ist. Der Kuchen schmeckt natürlich noch besser, wenn er mit Schlagsahne und gehackten Nüssen garniert wird.

Kuchen mit Olivenöl

11/2 Tassen Olivenöl
11/2 Tassen Zucker
1 Tasse Milch
4 Eier
2 KL Backpulver
Saft und Abgeriebenes 1 Zitrone
1 KL Soda
1 KL Zimt-Nelkenpulver
31/2 Tassen Mehl

Olivenöl und Zucker schaumig rühren, Eigelb, Zimt-Nelkenpulver, die im Zitronensaft aufgelöste Soda, Milch, Abgeriebenes von Zitrone, das in der Milch aufgelöste Backpulver und Mehl dazugeben und gut mischen. Das steifgeschlagene Eiweiss sorgfältig darunterziehen. In eine gut eingefettete Kuchenform geben und bei mittlerer Hitze während ca. 50 Min. backen.

Schokoladekuchen

1 Tasse Olivenöl
11/2 Tassen Zucker
5 Eier
1 Tasse Milch
1/2 KL Vanillepulver
250 gr schwarze Schokolade
1/2 kg Mehl mit Backpulverzugabe

Olivenöl und Zucker schaumig rühren, Eigelb, Vanillepulver, Milch, die in kleine Stücke geschnittene Schokolade und das Mehl beigeben und gut mischen. Das steifgeschlagene Eiweiss darunterheben und in eine gut eingefettete Backform geben. Bei mittlerer Hitze während ca. 45 Min. backen.

Kurabiedes (Weihnachtsgebäck) mit Olivenöl

Für einen echten Griechen gibt es keine Weihnachten ohne Kurabiedes! Obwohl sie in jenen Tagen auch in Supermärkten und Patisserien gekauft werden können, gibt es doch in ganz Griechenland fast kein Haus, in dem es nicht nach selbstgemachten Kurabiedes riecht.

- 2 Tassen Olivenöl
- 1/2 Tasse Zucker
- 4 EL Kognak
- 1 KL Zimt
- 1 Ei
- 1 Eigelb
- 1 Tasse Mandeln, gehackt und geröstet
- 3 Tassen Mehl
- Staubzucker

Olivenöl und Zucker schaumig rühren, Ei und Eigelb, Kognak, Zimt, Mehl und Mandeln beigeben und zu einem weichen Teig verarbeiten. Kleine Bällchen formen, bei mittlerer Hitze ca. 20-25 Min. backen. Bevor sie ganz erkaltet sind, wenden wir sie im Staubzucker.

Kurabiedes mit Rosinen

- 1 Tasse Olivenöl
- 1/2 Tasse Zucker
- 1 KL Zimtpulver
- 1/2 KL Nelkenpulver
- 1 KL Abgeriebenes einer Orange
- 1 KL Soda
- 1/2 Tasse Orangensaft
- 1 KL Backpulver
- 3 EL Kognak
- 1/2 Tasse Mandeln oder Baumnüsse, grob gehackt
- 1 Tasse Rosinen, in wenig Mehl wenden
- 1/2 kg Mehl

Olivenöl und Zucker schaumig rühren, Zimt- und Nelkenpulver, Abgeriebenes von der Orange, die im Orangensaft aufgelöste Soda, das im

Kognak aufgelöste Backpulver, Nüsse und Rosinen beigeben und gut mischen. Langsam das Mehl dazugeben und zu einem Teig verarbeiten. Kleine Bällchen formen, auf ein gut eingefettetes Backblech geben und bei mittlerer Hitze während ca. 20 Min. backen.

Melomakarona

Die Melomakarona gehören ebenfalls zu den Weihnachtsspezialitäten.

2 Tassen Olivenöl
1/2 Tasse Staubzucker
2 EL Honig
1 KL Soda
1 KL Backpulver
2 Tassen Orangen -und Mandarinensaft, je
1 KL Abgeriebenes einer Orange
1 KL Zimt-Nelkenpulver
bei Bedarf 1/2 Tasse Baumnüsse, gehackt
1 Tasse Griess, fein
1.2 kg Mehl

Sirup:

1 Tasse Zucker
2 Tassen Wasser

1 **Tasse Sesamsamen, geröstet und gemahlen oder Baumnüsse, gemahlen**
1 **KL Zimt**

Olivenöl, Zucker und Honig schaumig rühren, Abgeriebens von Orange, Zimt-Nelkenpulver, Soda und Backpulver, beides aufgelöst im Orangensaft, Nüsse, Griess und das Mehl beigeben und zu einem weichen Teig verarbeiten.
Ca. zwei Finger breite und ca. 8 cm lange Keckse formen, auf ein gut eingefettetes Backblech geben und bei mittlerer Hitze ca. 20 Min. backen. Den Sirup machen. Während er auf kleinem Feuer köchelt, die bereits abgekühlten Melomakarona in den Sirup tauchen und während ca. 1 Min. darin belassen. Mit einer Schaumkelle herausnehmen. Auf einer grossen Platte anrichten, Nüsse oder Sesamsamen darüberstreuen und mit Zimt bestäuben.

Ölkringel

3 **Tassen Olivenöl**
2 **Tassen Zucker**
Saft 1 Zitrone und 1 Orange
5 **EL Kognak**
2 **KL Backpulver**
1 **KL Soda**
1 **Tasse Sesamsamen, geröstet**
ca. 1.2 kg Mehl

Olivenöl und Zucker schaumig rühren, die im Saft aufgelöste Soda, Zimt, das im Kognak aufgelöste Backpulver, Sesam und Mehl zugeben und zu einem weichen Teig verarbeiten. Kringel formen. In ein gut eingefettetes Backblech legen und bei mittlerer Hitze backen.

Halvas

1 Tasse Olivenöl
2 Tassen Griess, fein
21/2 Tassen Zucker
4 Tassen Wasser
1 Zimtstengel
bei Bedarf 1/2 Tasse Rosinen
1 EL Zimtpulver
1/2 Tasse Baumnüsse oder Mandeln, gehackt

Zuerst machen wir einen Sirup aus dem Zucker und Wasser, in dem wir den Zimtstengel mitkochen. Während ca. 5 Min. unter gelegentlichem Rühren köcheln lassen.

Olivenöl und Schale einer Orange oder Zitrone in einen Topf geben, erhitzen, Schale entfernen. Griess in den Topf geben und mit einer Holzkelle rühren, bis der Griess eine schöne bräunliche Farbe hat. Rosinen und Sirup beigeben und gut rühren, bis der Halvas sich vom Pfannenrand löst und zu einer festlichen Masse geworden ist. Vom Feuer nehmen und in eine Gugelhopfform oder in kleine Förmchen giessen. Mit Zimt und Baumnüssen bestreuen.

An Stelle von Rosinen können auch getrocknete, in kleine Stücke geschnittene Pflaumen oder kandierte Früchte verwendet werden.

Rosinenbrötchen

4 Beutelchen Trockenhefe
1/2 Tasse Olivenöl
1 Tasse Zucker
1/2 Tasse Orangensaft
1 Tasse Rosinen
1 KL Zimtpulver
1/2 KL Mastix, in wenig Mehl wenden
und zerdrücken
2 kg Mehl

Hefe und Zucker in 1 Tasse warmem Wasser auflösen.

Mehl in eine tiefe Schüssel geben, eine Grube machen, die aufgelöste Hefe, Olivenöl, Rosinen, Orangensaft, Zimtpulver und Mastix in die Grube geben, von der Mitte her Flüssigkeit mit Mehl zu einem Teig verarbeiten. Langsam zusätzliche ca. 2 Tassen heisses Wasser zur Teigmasse geben. Der Teig sollte weich und elastisch sein. An einem warmen Ort während 2 Std. um das Doppelte aufgehen lassen, kleine Brötchen formen und nochmals während 1-2 Std. aufgehen lassen mit Ei oder Milch bestreichen. Bei mittlerer Hitze backen.

Orangenkringel

2 Tassen Olivenöl
2 Tassen Zucker
1 Tasse Orangensaft
1 EL Zimt-Nelkenpulver
1 EL Backpulver
1 KL Soda
1.1 kg Mehl
Sesamsamen

Olivenöl und Zucker schaumig rühren, Zimt-Nelkenpulver, die im Orangensaft aufgelöste Soda, Mehl und Backpulver beifügen, zu einem weichen Teig verarbeiten. Kringel formen, in Sesamsamen wenden und auf ein gut eingefettetes Backblech legen. Bei mittlerer Hitze während 15-20 Min. goldgelb backen.

Salzkringel

1 Tasse Olivenöl
1 KL Salz
11/2 Tassen Käse, gerieben
1/2 kg Mehl mit Backpulverbeigabe

Mit den oben erwähnten Zutaten einen weichen Teig herstellen, Kringel formen. Mit Eigelb bestreichen und Sesamsamen darüberstreuen. Auf ein gut eingefettetes Backblech legen und bei mittlerer Hitze ca. 15-20 Min. goldgelb backen.

Masseinheit:
1 Tasse Mehl = 150 gr
1 Tasse Griess oder Staubzucker = 130 gr
1 Tasse Zucker = 230 gr
1 Tasse Reis = 230 gr
1 Tasse Käse, gerieben = 100 gr
1 Tasse Baumnüsse oder Mandeln, gemahlen =100 gr

Flüssigkeit:
1 Tasse = 225 ml
1 Tasse = 16 EL
1 EL = 3 KL
1 EL = 15 ml
1 KL = 5ml